韓国語で読む星の王子さま
어린 왕자

韓国語で読む星の王子さま
어린 왕자

サン＝テグジュペリ
原著

ユ・ウンキョン
翻訳・解説

編集協力
キム・ヒョンデ

●

日本語
仁木敦子

●

録音
루나웨이브 (LUNARWAVE)

本書は、内藤濯氏による邦訳『星の王子さま』（初出：岩波少年文庫、1953年）のタイトルを、
日本語タイトルとして使わせていただきました。
長く愛される素晴らしい名訳を生み出した内藤氏に、敬意と感謝を表します。

はじめに

"마음의 눈으로 보지 않는 한 아무것도 확실히 보이지 않아. 가장 중요한 것은 눈에 보이지 않아."

(心の目で見ない限り、何もはっきりと見えないんだ。一番大切なものは、目に見えないんだよ)

　世界中から愛される『星の王子さま』は、フランスの飛行士であり作家でもある、サン＝テグジュペリが発表した小説で、1943年にアメリカで初めて出版されました。フランスがナチスから解放された後の1946年には、作者自身が描いた美しい挿絵を入れてフランスでも出版され、これまで300余りの言語に翻訳されています。

　『星の王子さま』は、小惑星B612号から来たある少年が眺めた旅行先の星やそこに住む人たちを土台としていますが、実際には純粋な子どもの視点で見る大人たちの世界をたとえて解釈しているので「大人のための童話」とも呼ばれています。

　韓国では1960年に『星の王子さま』が初めて翻訳・出版され、現在に至るまで様々な版元から翻訳書が出版され、大変人気を集めています。日本と同じように、韓国でも学生時代にこの本を読んで、その感動を大切な思い出として胸にしまっている読者がたくさんいます。この本の韓国語のタイトルは、日本語のタイトルである「星の王子さま」を直訳するのではなく、韓国で一般的に知られている「어린 왕자」としています。「어린 왕자」は日本語に直訳すると「小さな王子」、「幼い王子」、「ちび王子」という意味です。

本書は日本語を韓国語に翻訳して見開きに並べた対訳書で、翻訳にあたっては何より韓国語を勉強する読者のためにできるだけ易しくわかりやすい韓国語を使うようにしました。韓国語と日本語の文章を交互に見ながら、日本語の文章がどのように韓国語に翻訳されたのかを比較することは学習の助けとなるでしょう。また、本書を通じて韓国語を目で読む楽しさだけでなく、耳で聞く楽しさも感じられます。韓国語を勉強する日本人読者を想定した、専門の韓国人ナレーターによるゆっくりとした正確な発音の音声を繰り返し聞くだけでも、韓国語の実力向上に役立つでしょう。

　さあ、あなたも『星の王子さま』の感動を韓国語で感じてみませんか？

本書の構成

本書は、

☐ 日本語本文に対応する韓国語訳
☐ 欄外の語注
☐ 覚えておきたい韓国語表現
☐ MP3形式の韓国語を収録した音声

で構成されています。本書は、日本語の本文をわかりやすい韓国語に翻訳して見開きに並べることで、韓国語を勉強する読者がそのストーリーを楽しみながら、同時に韓国語の文章を習得できるようになっています。日本語と韓国語を比較しながら、より自然な韓国語表現を身につけることができます。

各ページには主要単語や上級単語の語注を入れて、文章の中でその単語がどのような意味で使われているのかをすぐに確認できるようにしました。

各セクションには「覚えておきたい韓国語表現」を設け、該当セクションに登場する韓国語の中でよく使われる表現、有用に活用できる表現をまとめました。各表現の文法説明とともに、その表現が書かれた例文も収録されています。特に、この例文は韓国の有名な小説に実際に登場する文章を選別して入れることで、韓国語の文章をよりリアルに楽しむことができます。小説家と小説のタイトルも一緒に記載しているので、興味を持った方やリーディングを向上させたい方は、調べて読んでみてください。

各チャプターのQRコードをスマートフォンで読み取ると、該当チャプターの韓国語テキストの音声を聞くことができます。最初は韓国語の文を目で追いながら、耳で韓国語の発音を確認しましょう。その後は、韓国語の音声を聞くだけでストーリーを理解することができるように、くり返し音声を聞いてください。いつの間にか韓国語に慣れて身についてきた自分を発見することができるでしょう。

＊本書は左ページに韓国語、右ページに日本語を配し、対照して読み進めていただけるようつくられています。必ずしも同じ位置から始めることは難しいのですが、なるべく該当の日本語が見つけられやすいように、ところどころ行をあけるなどして調整してあります。

目次

星の王子さま
어린 왕자

레옹 베르트에게 바친다

　이 책을 어떤 어른에게 바치기 위해 썼다는 것을 어린이들이 용서해주었으면 한다. 확실한 이유도 있다. 그 어른은 나와 세상에서 가장 친한 친구다. 두 번째 이유로는 그 어른은 무엇이든 잘 알고 있어서 어린이 책도 잘 이해하고 있다는 사실이다. 세 번째는 그가 지금 프랑스에 있고 춥고 배고픈 처지에 있다는 것이다. 그에게는 기운을 북돋아 줄 필요가 있단다. 그래도 이유가 부족하다면 이 책은 어린 시절의 그에게 바치기로 하자. 어른들도 모두 옛날에는 어린이였다. (그것을 기억하는 어른은 많지 않지만)

　그러니까 이렇게 하자.

　어린 시절의 레옹 베르트에게 바친다

■바치다 捧げる　　■용서하다 許す　　■춥고 배고픈 처지 寒くてひもじい境遇　　■기운을 북돋다 元気づける

レオン・ヴェルトに捧ぐ

　この本をあるおとなに捧げて書くことを、子どもたちに許してほしいと思う。言い訳もちゃんとある。このおとなは、ぼくの世界一の親友なんだ。二つ目の言い訳としては、このおとなは何でもよくわかっていて、子どもの本だってちゃんと理解しているということ。三つ目は、彼が今、フランスにいて、ひもじくて寒い思いをしているということだ。彼には元気づけが必要なんだ。それでも理由が足りなかったら、この本は、子どもだった頃の彼に捧げるとしよう。おとなも皆、昔は子どもだった。(そのことを憶えているおとなは少ないけどね)

　だから、こういうことにしよう。

　子どもだったころのレオン・ヴェルトに捧ぐ

제 1 부
第 1 部

———————— ✳ ————————

제 1 장 – 제 4 장
第 1 章 – 第 4 章

제 1 장

    여섯 살 무렵, 나는 책에서 멋진 그림을 봤다. 『실제 있었던 이야기』라는 책으로 보아구렁이가 야생 동물을 먹는 그림이었다. 이것이 그 그림이다.

    설명에는 "보아는 음식을 한입에 통째로 삼킵니다. 먹은 후에는 너무 배가 불러 움직일 수 없습니다. 그 후 6 개월 동안은 쉬어야 합니다"라고 쓰여 있었다.

    나는 오랫동안 그것에 대해서 깊이 생각했다. 그런 후에 색연필로 생애 첫 번째 그림을 그린 것이다. 내 그림 제 1 호는 이런 느낌이었다.

■멋진 그림 素敵な絵　■야생 동물 野生動物　■한입에 一口で　■생애 첫 번째 生涯で初めて

第 1 章

　ぼくは6歳のころ、本で素敵なさし絵を見た。『ほんとうのおはなし』という本で、大蛇ボアが、野生の動物を食べている絵だった。これがその絵だ。

　説明のところには、「ボアは食べ物を一口で丸のみします。食べた後は、満腹すぎて動けません。その後、6か月は休んでいなくてはならないのです」と書いてあった。

　ぼくは、長いこと一生懸命考えた。それから、色えんぴつを使って初めての絵を描いたのだ。ぼくの絵の第1号は、こんな感じだった。

나는 이 근사한 그림을 몇 명인가의 어른에게 보여주었다. 이것을 보고 무서운지 어떤지 물어본 것이다.

대답은 다음과 같았다. "어째서 모자를 무서워해야 하는 거지?"

나는 모자를 그린 게 아니었다. 이것은 코끼리를 집어삼킨 보아구렁이 였다. 어쩔 수 없이 두 번째 그림을 그렸다. 같은 보아구렁이였지만, 어른 이 보더라도 알 수 있도록 이번에는 안쪽 모습까지 그렸다. 어른이란 도움 없이는 아무것도 모르니까. 나의 두 번째 작품은 이런 느낌이었다.

어른들은 나에게 보아의 안쪽이건 바깥쪽이건 그리지 말라고 말했다. 대신에 수학과 역사와 지리를 하라고 했다. 이런 사정으로 나는 고작 여섯 살 때 그림 그리는 사람이 되는 꿈을 단념했다. 제 1 호도 제 2 호도 제대 로 되지 않았기 때문이다. 어른이란 스스로의 힘으로 아무것도 알 수 없으 니까. 그래서 아이들은 몇 번이나 반복해 설명하는 것이 싫어지는 것이다.

그림 그리는 사람 대신에 나는 비행기 타는 법을 배웠다. 그리고 세계 온갖 곳을 날아다녔다. 지리는 굉장히 쓸모가 있었다. 나는 얼핏 보기만 해도 중국과 애리조나가 어떻게 다른지 알 수 있었으니 말이다. 밤에 방향 을 잃었을 때는 그게 상당히 도움이 된다.

■근사하다 すてきだ、かっこいい　■집어삼키다 飲み込む　■어쩔 수 없다 仕方がない　■이런 사 정으로 こういう事情で　■쓸모가 있다 役に立つ

　ぼくは、この素晴らしい絵を何人かのおとなに見せた。これを見て、怖いかどうか聞いたのだ。

　答えはこうだった。「何で帽子が怖いのさ？」

　ぼくは帽子を描いたんじゃない。これは、象を食べた大蛇ボアなのだ。仕方がないから、2枚目の絵を描いた。おとなでもわかるように、同じボアの、今度は中身まで描いてやった。おとなって、助けてもらわないと何もわからないのだ。ぼくの第2作目は、こんな感じだった。

　おとなたちはぼくに、ボアの内も外も描くのはやめるように言った。代わりに数学と歴史と地理をやれって。こういうわけで、ぼくは6歳にして絵描きになる夢を断念した。第1号も第2号もうまくいかなかったからだ。おとなって、自分だけでは何もわからないのだ。それで子どもたちは、何度も何度も説明するのが嫌になるのだ。

　絵描きになる代わりに、ぼくは飛行機の乗り方を覚えた。そして世界のあらゆるところへ飛んだ。地理はとても役に立った。ぼくは、ちらっと見ただけで中国とアリゾナの違いがわかるんだからね。夜、迷った時は、これでずいぶん助かるよ。

나는 지금까지 훌륭한 사람을 많이 만났다. 어른들 속에 섞여 긴 시간을 보내면서 그들을 가까이에서 지켜보았지만, 어른에 대한 좋은 평가를 내리기는 어려웠다.

사리분별이 있는 듯한 어른을 만나면 반드시 가벼운 테스트를 했다. 내 그림 제 1 호를 보여주는 것이다. 이 그림을 제대로 알아볼 수 있는 사람인지 아닌지 알고 싶었다. 그러나 반응은 언제나 똑같았다. "모자잖아." 그래서 나는 보아구렁이는 물론 야생 동물이나 별에 대해서도 이야기하지 않기로 했다. 대신에 어른이 흥미를 보일 만한 이야기를 하는 것이다. 골프나 사교계, 양복 따위를. 그러면 대체로 꽤 괜찮은 사람을 만났다며 매우 기뻐하는 것이다.

 ### 제 2 장

몇 년 동안이나 내 인생은 고독했다. 진심으로 이야기를 나눌 상대가 아무도 없었다. 그리고 6 년 전에 사하라 사막에서 내 비행기는 고장이 났다. 나는 완전히 혼자였다. 아무의 도움 없이, 자력으로 비행기를 고쳐야 한다는 사실을 깨달았다. 죽느냐 사느냐의 문제였다. 마실 물은 정말 조금밖에 없었다. 8 일 정도밖에는 버틸 수 없을 테지.

■평가를 내리다 評価を下す　■사리분별이 있다 事理分別がある、道理をわきまえる　■고독하다 孤独だ　■자력으로 自力で　■깨닫다 悟る、気づく

　ぼくは、今まで偉い人にたくさん会った。おとなたちに混じって長いこと暮らして、彼らを間近で見てきた。それでも、おとなに対するぼくの意見はましにならなかった。

　もののわかりそうなおとなに会うと、必ずちょっとしたテストをやった。ぼくの絵の第1号を見せたのだ。この絵が本当にわかる人かどうか見たかった。でも、反応はいつも同じだった。「帽子だね」そこでぼくは、大蛇ボアのことも、野生の動物も、星のことも話さないことにする。代わりに、おとなが興味を持ちそうな話をしてやるのだ。ゴルフだの、社交界だの、洋服だの。そうすると決まっておとなは、とても感じのいい人に会ったと大喜びするのだ。

第 2 章

　何年もの間、ぼくの人生は孤独だった。ほんとうに話せる相手はだれもいなかった。そして6年前、ぼくの飛行機はサハラ砂漠で故障した。ぼくは全くのひとりぼっちだった。だれの助けもなく、自力で飛行機を直さなければならないとわかっていた。生きるか死ぬかだ。飲み水はほんのわずかしかない。8日くらいしかもたないだろう。

사막에서 보내는 첫날밤, 나는 금방 잠이 들었다. 기진맥진했던 것이다. 나는 사람들로부터 그리고 그들이 있는 곳으로부터 몇천 마일이나 떨어진 곳에 있었다. 망망대해 한복판에 작은 배에 홀로 남겨진 선원보다 더 고독한 기분이었다. 그러다 보니 아침 무렵에 작고 낯선 목소리가 나를 깨웠을 때, 얼마나 놀랐는지 짐작이 갈 것이다. 그 목소리는 말했다.

"부탁이야…… 양을 그려줘!"

"뭐라고?"

"양을 그려달라고…….."

나는 깜짝 놀라 벌떡 일어났다. 본 적도 없는 남자아이가 물끄러미 나를 쳐다보고 있었다. 되도록 비슷하게 그려본 게 이것이다. 이것도 훗날 그린 것이지만. 물론 내 그림은 완벽과는 거리가 멀다. 어차피 여섯 살 때, 아직 보아구렁이의 안과 겉모습밖에는 그리지 못하는 단계에서, 어른들 말에 그림 그리기를 포기했으니까 말이다.

■기진맥진하다 疲労困憊する　■망망대해 大海原　■짐작이 가다 見当がつく　■물끄러미 じっと
■훗날 後日

　砂漠での最初の晩、ぼくはすぐ眠りについた。疲労こんぱいしていたの
だ。だれからも、どこからも、何千マイルも離れたところにぼくはいた。大
洋の真っ只中の小船にひとりぼっちでいる船乗りよりも、もっと孤独な気が
した。だから朝方、小さな聞き慣れない声に起こされた時、ぼくがどれほど
驚いたかわかるだろう。その声は言った。

　「お願いだよ……ヒツジを描いて！」

　「何だって？」

　「ヒツジを描いてよ……」

　ぼくはびっくり仰天して立ち上がった。見たこともない男の子がぼくをじ
っと見ていた。できるだけ似せて描いたのがこれだ。後になってから描いた
のだ。ぼくの絵はもちろん、完ぺきからはほど遠い。なにせ 6 歳のとき、ま
だ大蛇ボアの内と外しか描けない段階で、おとなから絵を描くのをやめさせ
られたんだからね。

나는 어안이 벙벙해서 그 아이를 쳐다보았다. 내가, 사람들로부터 그리고 그들이 있는 곳으로부터 몇천 마일이나 떨어진 사막에 있었다는 것을 기억해보시라. 그런데 그 아이는 길을 잃었다거나 피곤하다거나 배가 고프다거나 무서워하는 등의 모습은 보이지 않았다. 어딜 봐도 사막 한복판에서 길을 잃은 아이처럼은 보이지 않았다. 간신히 입을 뗄 수 있게 된 나는 말했다.

"그런데…… 여기에서 뭐 하고 있는 거니?"

그 아이는 되풀이해서 말했다.

"부탁이야…… 양을 그려줘……"

나는 아이의 말을 들어주었다. 주머니를 뒤져 종이 조각과 펜을 꺼냈다. 그런데 그때 학교에서 온갖 것을 배웠지만 그림 그리는 방법은 알지 못한다는 사실이 떠올랐다. 나는 약간 언짢은 목소리로 남자아이에게 사실대로 말했다. 하지만 아이는 이렇게 말했다.

"그게 무슨 상관이야. 양을 그려줘."

양을 그려본 적이 없었던 나는 그나마 그릴 수 있었던 두 장 중 한 장을 그렸다. 코끼리를 집어삼킨 보아구렁이의 겉모습을 그린 것이다. 남자아이는 그것을 쳐다보았다. 그리고는 놀랍게도 이렇게 말하는 것이다.

"아니, 아니야! 코끼리를 집어삼킨 보아구렁이 그림 따위를 원한 게 아니야. 보아구렁이는 너무나 위험한 놈이고 코끼리는 너무 커. 내가 사는 곳은 모든 게 아주 작거든. 나에게 필요한 건 양이라고. 양을 그려달라고."

그래서 나는 양을 그렸다.
남자아이는 유심히 살피더니 이렇게 말했다.

■어안이 벙벙하다 あっけに取られる　■입을 떼다 口を開く　■언짢다 気に入らない、不快だ
■유심히 살피다 注意深くうかがう

　ぼくは、あっけに取られてこの子を見つめた。ぼくが、だれからもどこからも何千マイルも離れた砂漠にいたことを思い出してくれ。なのにこの子は、道に迷ったり、疲れたり、腹が減ったり、怖かったりという様子がなかった。どう見ても、砂漠の真ん中で道に迷った子どもには見えない。ようやく口をきけるようになったとき、ぼくは言った。

　「でも……ここで何してるんだ？」
　その子はまた言った。
　「お願いだよ……ヒツジを描いて……」
　ぼくは言われたとおりにした。ポケットを探って、紙きれとペンを取り出した。ところがそこで、あることを思い出したのだ。学校ではいろんなことを習ったが、絵の描き方はわからない。ぼくはちょっと不機嫌な声で、男の子にそう言った。でも答えはこうだった。
　「そんなこと、関係ないよ。ヒツジを描いてよ」
　ぼくはヒツジを描いたことがなかったので、描けるとわかっている2枚のうちの1枚を描いた。象を飲み込んだ大蛇ボアの外側を描いたのだ。男の子はそれをながめた。そして、驚いたことにこう言ったのだ。
　「違う、違うよ！　象を飲み込んだボアの絵なんかほしくないよ。ボアはとても危険なやつだし、象は大きすぎる。ぼくの住んでいるところは、何でもとても小さいんだからね。ぼくがほしいのはヒツジなんだよ。ヒツジを描いてよ」
　そこでぼくはヒツジを描いた。
　男の子は、注意深く見て、こう言った。

"틀렸어. 이 양은 아파 보이잖아. 다른 걸 그려줘."
그래서 다른 것을 그렸다.
새로운 나의 친구는 미소를 지으며 말했다.
"이건 보통 양이 아니야 — 숫양이잖아. 뿔이 달렸
어."

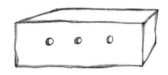

나는 또다시 그렸다. 하지만 그것도 남자아이의
마음에 들지 않는 모양이었다.
"이 양은 너무 나이가 많잖아. 오래 살아줄 양이
필요하단 말이야."
나는 서둘렀다. 비행기를 수리하고 싶었기 때문
에. 그래서 아래 그림처럼 재빨리 그린 후, 이렇게 말했다.
"이건 상자란다. 네가 원하는 양은 그 안에 있어."

남자아이의 얼굴이 환해지는 걸 보고 나는 놀랐다.
"이게 갖고 싶었다고! 이 양은 많이 먹을까?"
"왜 그런 걸 묻니?"
"왜냐하면 내가 살던 곳은 그게 무엇이든 다 굉장히 작단 말이야."
"이 양은 그다지 많이 먹지 않아. 아주 작은 양을 넣었으니까."
남자아이는 그 그림을 빤히 쳐다보았다.
"그렇게 작지 않아…… 봐! 잠들었네……"
나는 이렇게 어린 왕자님과 만나게 되었다.

■마음에 들다 気に入る ■서두르다 急ぐ ■재빨리 すばやく ■빤히 쳐다보다 じろじろと見つめ
る

26

「だめだよ。このヒツジは病気みたいじゃないか。別なのを描いてよ」

そこで別なのを描いた。

ぼくの新たな友達は微笑んで、言った。

「これは普通のヒツジじゃないよ――牡ヒツジじゃないか。角がついてるよ」

ぼくはまた描いた。でもこれも、男の子には気に入らないらしかった。

「このヒツジは年を取りすぎてるよ。長いこと生きるヒツジがほしいんだ」

ぼくは急いでいた。飛行機を修理したかったのだ。だから、下のような絵を手早く描いて、こう言った。

「これは箱だよ。きみのほしがってるヒツジはこの中にいるよ」

男の子の顔が輝いたので、びっくりした。

「これがほしかったんだよ！ このヒツジはたくさん食べると思う？」

「なぜだい？」

「だってぼくのいたところでは、何もかもがとても小さいんだもの」

「このヒツジはあんまりたくさん食べないよ。とても小さなヒツジをあげたんだから」

男の子は、その絵をじっと見ていた。

「そんなに小さくないよ……見て！ 眠っちゃった……」

ぼくはこうして、小さな王子さまと出逢ったのだった。

제 3 장

왕자님이 어디에서 왔는지 알기까지 아주 많은 시간이 걸렸다.

왕자님은 나에게 많은 질문을 했지만 내 질문은 들리지 않는 것 같았다. 내가 왕자님에 대해 알게 된 것도 그가 별생각 없이 내뱉은 말에서 우연히 알아차린 것이었다. 내 비행기를 처음 보았을 때(비행기 그림은 그리지 말기로 하겠다. 너무 어려우니까), 왕자님은 말했다.

"저기에 있는 저거, 뭐야?"

"저게 아니야. 날아다닌다고. 비행기야. 내 비행기라고."

나는 내가 비행기를 탈 수 있다고 말하는 것이 자랑스러웠다. 왕자님은 소리쳤다.

"뭐라고? 당신이 하늘에서 떨어졌다고?"

"그래." 나는 말했다.

"그렇군! 그거 재미있네."

그리고 어린 왕자님은 웃기 시작했는데 나는 그것에 기분이 상했다. 사람 일을 심각하게 들어주었으면 한다. 드디어 왕자님은 말했다.

■별생각 없이 何気なく　　■내뱉다 吐き出す　　■알아차리다 見抜く　　■기분이 상하다 気に障る

第 3 章

　王子さまがどこから来たのか、知るにはとても時間がかかった。

　王子さまはぼくにたくさんの質問をしたけれど、ぼくの質問は聞こえないみたいだった。ぼくが王子さまについて知ったことは、彼が何気なく言ったことから偶然にわかったのだ。ぼくの飛行機を初めて見たとき（飛行機の絵を描くのはやめにしておく。難しすぎるからね）、王子さまは言った。

　「あそこにあるあれ、なあに？」

　「あれじゃないよ。飛ぶんだよ。飛行機だ。ぼくの飛行機だよ」

　ぼくは、自分が飛行機に乗れると言うのが誇らしかった。王子さまは叫んだ。

　「なんだって？　きみは空から落ちてきたの？」

　「そうだよ」ぼくは言った。

　「そうか！　それは面白い」

　そして小さな王子さまは笑い始めたが、ぼくは気に入らなかった。人の問題は深刻に受けとめてほしいものだ。ついに王子さまは言った。

"그럼, 당신도 하늘에서 온 거네! 어떤 행성에서?"

이것은 정체불명의 왕자님에 대한 새로운 정보가 아닌가. 나는 재빠르게 물었다.

"그럼, 너는 다른 행성에서 왔다는 거네?" 그러나 왕자님은 아무 말도 하지 않았다. 그리고 내 비행기를 보면서 천천히 대답했다.

"그야 당신이 그렇게 멀리에서 왔을 리가 없는데……"

그 말을 하고는 한참 동안 아무 말도 하지 않았다. 그리고는 주머니에서 내가 그린 양 그림을 꺼내서 기쁜 듯 바라보고 있었다.

나는 왕자님이 '다른 행성'이라고 한 것이 흥미로웠다. 더 많은 것을 알고 싶어서 물어보았다.

"저기 너 말이야, 너는 어디에서 왔지? 너희 집은 어디지? 내 양을 어디로 데려갈 거지?"

잠시 뜸을 들이다 왕자님은 대답했다.

"양이 들어갈 상자를 줘서 기뻐. 밤이 되면 양 우리로 사용할 수 있으니까."

"그야 물론이지. 너는 착한 아이니까 낮 동안 양을 메어둘 수 있는 걸 그려줄게."

내가 건넨 선의가 왕자님에게 충격을 준 모양이다.

"메어둔다고? 어떻게 그런 희한한 생각을 할 수 있지?!"

■정체불명 正体不明　■왔을 리가 없다 来たはずがない　■흥미롭다 興味がある　■뜸을 들이다 少し間を置く　■(양) 우리 (羊の)檻　■희한하다 ものめずらしい

「じゃ、きみも空から来たんだね！ どの惑星から？」

わからないことだらけの王子さまの、これは新しい情報じゃないか。ぼくはすばやくたずねた。

「じゃ、きみは別の惑星から来たんだね？」でも王子さまは何も言わなかった。そして、ぼくの飛行機を見ながらゆっくりと答えた。

「確かに、きみはあまり遠くから来られたはずがないね……」

それきり長い間しゃべらなかった。ポケットからぼくが描いたヒツジの絵を取り出して、嬉しそうにながめていた。

ぼくは、王子さまが「他の惑星」と言ったことに興味しんしんだった。もっと知りたくて、たずねてみた。

「ねえきみ、きみはどこから来たの？ きみのおうちはどこ？ ぼくのヒツジをどこへ連れて行くの？」

しばらくして、王子さまは答えた。

「ヒツジ用の箱をくれて嬉しいよ。夜になれば、ヒツジ小屋に使えるもの」

「もちろんだとも。きみがいい子なら、昼の間、ヒツジをつないでおくものを描いてあげるよ」

ぼくの申し出は、王子さまにはショックだったようだ。

「つないでおく？ なんておかしな考えだろう！」

"하지만 메어두지 않으면 아무 데나 돌아다닌다고. 없어질지도 몰라."

왕자님은 다시 웃기 시작했다.
"어디로 갈 거라고 생각해?"
"어디든. 곧장 앞으로 갈지도 모르지."
어린 왕자님은 엄숙하게 말했다.
"그건 문제 없어 ─ 내가 사는 곳은 정말로 모든 게 다 작으니까!"

그리고 슬픈 듯한 목소리로 덧붙였다.
"곧장 앞으로 가도 그다지 멀리까지는 못 가……"

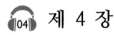 # 제 4 장

　이것으로 두 번째 중요한 정보를 알았다. 왕자님이 사는 행성은 집 한 채보다 조금 큰 정도인 것이다!
　이 사실을 알고 나는 놀라지 않았다. 지구나 목성, 화성, 금성 같은 큰 행성도 있지만 몇 백이나 되는 소행성이 있다는 사실을 알고 있으니까 말이다. 천문학자가 이렇게 작은 행성을 발견하게 되면 이름이 아닌 숫자를 붙인다. 행성 3251 처럼.

■곧장 まっすぐ　■그다지 それほど、あまり　■소행성 小惑星

「でもつないでおかなかったら、歩き回ってしまうよ。いなくなってしまうかも知れない」

王子さまはまた笑い出した。

「どこへ行くと思うの？」

「どこでも。ずうっとまっすぐかもしれない」

小さな王子さまは、重々しく言った。

「それは問題にならないよ——ぼくのところは、なんでも本当に小さいんだからね！」

そして、悲しげにも聞こえる声で、付け加えた。

「まっすぐ進んでも、あまり遠くへは行けないよ……」

第 4 章

これで、二つ目に大事な情報がわかったのだった。王子さまの惑星は、家一軒よりちょっと大きいくらいなのだ！

これには、ぼくは驚かなかった。地球や木星、火星、金星のような大きな惑星がある一方で、何百もの小惑星があることを知っていたからだ。天文学者はこういう小さい惑星を発見したら、名前じゃなくて、数字をつける。惑星3251みたいにね。

왕자님이 행성B612에서 왔다고 믿는 이유가 나한테는 있다. 이 행성은 1909년에 단 한 번 관측됐을 뿐이다. 터키의 천문학자가 관측한 것이었다. 그 학자는 국제천문학회의에서 자신의 발견을 발표했다. 그런데 터키 민족의상을 입고 있어서 아무도 그의 말을 믿지 않았다. 어른이란 그런 식이다.

행성B612의 미래를 위해서는 다행스러운 일이지만, 터키의 지배자가 터키 백성에게 서양 양복을 입도록 했다. 앞서 말한 천문학자는 1920년에 다시 발견을 보고했다. 매우 멋진 정장을 입고 있었다. 그랬더니 모두가 믿었던 것이다.

내가 이 행성에 대해 배경과 공식번호를 언급한 것은 어른들을 위해서다. 어른들은 숫자를 대단히 좋아하니까 말이다. 새로운 친구가 생기면 어른들은 중요한 사실을 전혀 묻지 않는다.

■관측되다 観測される　■민족의상 民族衣装　■정장 正装、スーツ

　ぼくには、王子さまが惑星B612から来たのだと信じる理由がある。この惑星は、1909年に一度だけ観測された。トルコの天文学者が観測したのだ。その学者は、国際天文学会議で自分の発見を発表した。ところがトルコの民族衣装を着ていったので、だれも彼の言うことを信じなかった。おとなって、そういうものなんだ。

　惑星B612の未来のためには幸いなことに、トルコの支配者が、トルコ臣民は西洋の洋服を着なければならないことにした。さっきの天文学者は、1920年にもう一度、発見報告をした。とてもかっこいいスーツを着ていた。そしたら、だれもが信じたんだよ。

　ぼくがこの惑星の背景と公式番号の話をしたのは、おとなたちのためだ。おとなは数字が大好きだからね。新しい友達ができたとき、おとなは肝心なことはぜんぜん聞かないんだ。

"그 애 목소리는 어때? 뭐 하고 놀아? 나비수집 같은 걸 하나?" 같은 것은 절대로 묻지 않는다. 대신에, "몇 살이야? 형이나 누나는 몇 명 있어? 몸집은 얼마나 돼? 부모님은 얼마나 벌지?" 따위만을 묻는다. 이런 숫자를 듣고 나서야 그 아이에 대해서 알게 된 기분이 드는 모양이다. "창가에 꽃 장식이 있고 장밋빛 돌로 만든 멋진 집을 봤어……"라고 하면 어른들은 그게 어떤 집인지 상상도 못할 것이다. 그들을 이해시키려면 "10만 프랑이나 하는 집을 봤어"라고 해야 한다. 그러면 "얼마나 멋진 집일까!"라고 말하겠지.

그러니까 만일, "어린 왕자님이 진짜 왕자님이라는 증거는, 왕자님이 멋진 데다가 잘 웃고, 양을 갖고 싶어 한다는 거야. 그걸로 알 수 있어. 양을 갖고 싶어 한다는 것은 진짜라는 증거야"라고 하면 어른들은 믿지 않을 것이다. 너를 어린애 취급할 게 뻔해. 하지만 만일, "행성B612에서 왔어"라고 하면 어른들은 믿을 테고 더는 이런저런 질문을 하지 않을 것이다. 어른이란 그런 식이다. 그들을 탓해선 안 된다. 아이는 어른들에게 너그러워져야 한다고.

물론 인생에 대해서 이해하고 있는 우리는 숫자 따위 웃어넘겨 버려. 이 책은 아름다운 이야기로 시작하고 싶었는데. 이런 서두로 말이야 :

"옛날 옛날 어떤 곳에 어린 왕자님이 살았습니다. 자기보다 약간 큰 정도의 행성에서 살면서 친구를 갖고 싶어했습니다……" 인생이란 걸 이해하고 있는 사람에게는 이쪽이 더 현실감 있었을 것이다.

■몸집 体格　■탓하다 とがめる　■너그럽다 寛大だ　■웃어넘기다 笑い飛ばす　■현실감 現実感

　「その子の声はどんな感じ？　どういう遊びが好き？　蝶を集めたりする？」なんてことは、絶対に聞かない。代わりに、「年はいくつ？　お兄さんやお姉さんは何人いる？　体はどのくらい大きい？　ご両親はいくらくらい稼ぐの？」っていうことばかり聞くんだ。こういう数字を聞いて初めて、その子のことがわかったような気になるんだよ。「窓辺に花がかざってあって、バラ色の石でできた素敵な家を見たよ……」と言ったら、おとなはどんな家か想像もつかないだろう。彼らにわからせるには、「10万フランもする家を見たよ」と言わなけりゃならないんだ。そうしたら「なんて素敵な家だろう！」って言うよ。

　だからもし、「小さな王子さまが本物だってことは、王子さまが素敵で、笑って、ヒツジをほしがったからわかるよ。ヒツジをほしがるってことは、本物だってことだよ」なんて言ったら、おとなは信じないだろう。きみを子ども扱いするに決まってる。でももし、「惑星B612から来たんだよ」と言えば、おとなは信じるだろうし、いろいろ質問してこなくなるだろう。おとなって、そういうものなのだ。責めちゃあいけないよ。子どもはおとなにやさしくしてあげなきゃ。

　もちろん、人生のことがわかってるぼくらは、数字なんか笑い飛ばすよ。この本は、美しいお話として始めたかったな。こういう出だしのね：

　「昔々、あるところに小さな王子さまがおりました。自分よりちょっと大きいだけの惑星に住んでいて、友達をほしがっていました……」人生ってものがわかってる人には、この方がもっと現実味があったと思うよ。

그 누구도 가벼운 마음으로 내 책을 읽어서는 안 된다. 이것을 쓰면서 나는 정말 슬펐으니까. 나의 친구가 양을 데리고 사라진 지 벌써 6년이 지났다. 지금 이렇게 쓰고 있는 것은 왕자님을 잊지 않기 위해서이다. 친구를 잊는다는 것은 슬픈 일이다. 누구나 친구를 가진 것은 아니다. 나 역시 숫자밖에는 관심이 없는 어른이 될지도 모를 일이고. 그래서 그림물감통과 색연필을 사왔다. 내 나이가 되어 그림을 시작하는 게 쉬운 일이 아니다. 게다가 보아구렁이의 안과 겉모습밖에 그려본 적이 없으니까 말이다! 되도록 잘 그리려고 노력할 거야. 하지만 아마 잘 될 성싶지는 않다. 첫 번째 장은 그래도 괜찮은 편이다. 그런데 두 번째 장은 어린 왕자님과는 전혀 비슷하지 않게 됐다. 다음 그림은 키가 너무 컸다. 다음 그림은 너무 작았고. 게다가 왕자님 옷 색깔을 확실히 모르겠다. 그런 상태로 나는 열심히 그려나갔다. 몇몇 잘못도 있었을 것이다. 하지만 너그럽게 봐주어야 한다. 나의 친구 왕자님은 이런 걸 한 번도 설명해주지 않았으니까. 분명히 내가 자기와 같은 부류라 생각했을 것이다. 무엇이든 다 혼자서 알고 있다고 생각했을 거야. 하지만 나한테는 상자 안의 양이 보이지 않는다. 어른들을 닮아가는지도 모른다. 그렇게 되지 않으면 안 되었다.

■ (잘 될) 성싶다 (うまくいく) ような気がする ■ 같은 부류 同じ部類

　だれも、ふざけた気持ちでぼくの本を読んじゃいけないよ。これを書きな
がら、ぼくは本当に悲しいんだから。ぼくの友達が、ヒツジを連れていなく
なってから、もう6年が過ぎた。今、書いているのは王子さまのことを忘れ
ないためだ。友達のことを忘れるのは悲しいことだ。だれもが友達を持てる
わけじゃない。ぼくだって、数字のことしか興味のないおとなみたいになる
かもしれないしね。だから絵の具箱と色えんぴつを買ってきたんだ。ぼくの
年になって絵を始めるのは楽じゃない。しかも、大蛇ボアの内と外しか描
いたことがないんだからね！　できるだけ上手に描くようにがんばるよ。で
もたぶんうまくいかないだろう。1枚目はまだいいんだ。ところが2枚目
は、小さな王子さまとは似ても似つかない代物になる。次の絵では背が高す
ぎる。次の絵は小さすぎ。それに、王子さまの服の色合いがはっきりわから
ない。そんな具合に、ぼくは一生懸命描き続ける。いくつか、間違いもする
だろう。でも許してくれないといけないよ。ぼくの友達の王子さまは、こう
いうことを一度も説明してくれなかったんだからね。きっと、ぼくのことを
自分と同じだと思ったのだろう。ひとりでなんでもわかっていると思ったの
だ。でもぼくには、箱の中のヒツジが見えない。おとなみたいになってしま
ったのかもしれない。ならなきゃいけなかったんだよ。

어른이 보더라도 알 수 있도록 (p.18, 5–6行目)
おとなでもわかるように

【解説】「-더라도」(〜したとしても) は、先行節を仮定したとしても、後続節の内容がその仮定や予想とは違う結果になるだろうと推測するときに使います。現在や未来の状況を仮定して、その仮定に反する内容が予想される、もしくは関係のない行動をするときに使います。「아무리」と一緒に使われる場合が多いです。「-아/어도」(〜しても) も同様の意味ですが、「-더라도」の方がより強い仮定を表します。

【例文】

용기가 있다 하더라도 부끄러움이 '대답'을 허락지 않을 터이다. / 김동인 『약한 자의 슬픔』
勇気があるとしても恥ずかしさが「返事」を許さないはずだ。/ キム・ドンイン『弱き者の悲しみ』

당장 고국으로 돌아가더라도 이북 땅으로 곧 갈 수는 없다는 걸 나두 잘 알구 있디. / 주요섭 『열 줌의 흙』
今すぐ故国に帰っても以北の地にすぐ行くことはできないということを私もよく知っている。/ チュ・ヨソプ『十握りの土』

아무리 선생님 보수가 없더라도 전깃불값이라도 되어야 하지 않니. / 송영 『솜틀거리에서 나온 소식』
いくら先生の報酬が少なくても電気代くらいにはならなければならないじゃないか。/ ソン・ヨン『ソムトル通りからのお知らせ』

그러다 보니 아침 무렵에 (p.22, 4行目)
だから朝方(直訳：そうしているうち、朝方に)

【解説】「-다 보니」(〜しているうちに) は、動詞の後ろに付いて、ある行動を前から続ける過程で新たな事実を知ったり、結果的にある状態になったときに使います。「-다」は、ある行動を続ける途中であることを表す「-다가」から「가」が省略されたもので、そこに動詞「보다 (見る)」と「発見や結果」の意味を持つ「-(으)니까」が付いたものです。「가」が省略される前の「-다가 보니까」を使うこともできます。

돈을 굴리다 보니 어느새 이 동네에서 갑부 소리를 들을 만하게 되었다. / 조성기 『우리 시대의 무당』

お金を転がしていたら、いつの間にかこの町で金持ちと言われるようになった。/ チョ・ソンギ『我等が時代の巫女』

집어다 보니 타옥의 글씨다. / 이태준 『석양』

取ってみると、タオクの字だ。/ イ・テジュン『夕陽』

양을 그려본 적이 없었던 나는 그나마 그릴 수 있었던 두 장 중 한 장을 그렸다. (p.24, 下から 8-7行目)

ぼくはヒツジを描いたことがなかったので、描けるとわかっている2枚のうちの1枚を描いた。(直訳：羊を描いたことのないぼくは、やっとのことで描けた2枚のうちの1枚を描いた。)

【解説】「-던」(～していた) は、過去の一定の期間繰り返された行動や習慣を回想するときに使います。しかし、その行動が現在まで継続していない場合に限ります。名詞の前で使います。

【例文】

내의랑 양말이랑 빨아 주던 그때가 좋았다. / 황순원 『별과 같이 살다』

下着と靴下を洗ってくれたあのときが良かった。/ ファン・スンウォン『星と共に生きる』

넌 그 다리서 고기 잡던 생각도 안 나니? / 이태준 『돌다리』

お前はその橋で魚を釣ったことも思い出さないのか？/ イ・テジュン『石橋』

남자아이의 마음에 들지 않는 모양이었다. (p.26, 6-7行目)

男の子には気に入らないらしかった。

【解説】「모양」は「模様」や「様子」という名詞で、「-는 모양이다」(～模様だ) は、現在のある状況や雰囲気などを見たり聞いたりした後に、それがどういう状況であるかを推測するときに使います。推測の根拠になる表現「-는 걸 보니까」(～するのを見ると) が前に出てくる場合が多いです。

【例文】

> 그는 무슨 일인가가 일어나기는 일어났는 모양이라고 생각했다. / 한승원 『폐촌』
>
> 彼は何かが起きはしたようだと思った。/ ハン・スンウォン『廃村』

> 새 작품평이 좋으니 술 좀 많이 산 모양입디다. / 최인호 『무서운 복수』
>
> 新しい作品の評価が良いのでお酒をたくさんおごったようです。/ チェ・イノ『恐ろしい復讐』

나는 이렇게 어린 왕자님과 만나게 되었다. (p.26, 最終行)
ぼくはこうして、小さな王子さまと出逢ったのだった。

【解説】「-게 되다」(〜ようになる) は、人為的な理由や原因によって、主語の意志とは関係なくあることが起こるときに使います。

【例文】

> 일본식 구조의 기와집에서 살게 되었다. / 윤흥길 『황혼의 집』
>
> 和室の瓦屋で暮らすことになった。/ ユン・フンギル『黄昏の家』

> 소설보다는 오히려 논픽션 쪽을 읽게 되더군요. / 오정희 『야회』
>
> 小説よりはむしろノンフィクションの方を読むようになりました。/ オ・ジョンヒ『夜会』

> 자연히 공부도 되고 결혼도 하게 되리라는 계책 / 염상섭 『삼대』
>
> 自然に勉強にもなり結婚することにもなるという策 / ヨム・サンソプ『三代』

곧장 앞으로 갈지도 모르지. (p.32, 4行目)
ずうっとまっすぐかもしれない。(直訳：まっすぐ前に行くかもしれない。)

【解説】「-ㄹ/을지도 모르다」(〜かもしれない) は、可能性は少ないが、もしかすると起こることもあるかもしれないことを推測するときに使います。

【例文】

'당장 쫓아내자'고 결의되어 버릴지도 모르는 것이었다. / 한승원『폐촌』
「すぐに追い出そう」と決意されてしまうかもしれない。/ ハン・スンウォン『廃村』

어쩌면 저를 못 보실지도 모르겠습니다. / 전영택『운명』
もしかしたら私を見られないかもしれません。/ チョン・ヨンテク『運命』

일거리가 생길지도 모르네그려. / 현진건『무영탑』
仕事ができるかもしれないね。/ ヒョン・ジンゴン『無影塔』

왕자님이 멋진 데다가 잘 웃고（p.36, 9−10行目）
王子さまが、素敵で、笑って

【解説】「−ㄴ / 은 / 는 데다가」(〜なうえに)は、先行節の動きや状態にも増して、後続節の動きや状態を追加するときに使います。「가」を省略することもあります。

【例文】

교제 범위가 좁은 데다 홀어머니의 외동딸이어서 / 오정희『바람의 넋』
交際範囲が狭いうえに一人娘なので / オ・ジョンヒ『風の霊』

흉년인 데다가 일을 못 해서 모두 굶어죽을 지경이니 / 전영택『화수분』
凶作であるうえに仕事ができなくて皆飢え死にする状況だから / チョン・ヨンテク『ファスブン』

김 강사는 원래가 말이 적은 데다가 신마에(신참)고 보니 어디 가 말 한마디 붙여 볼 용기가 없었다. / 유진오『김 강사와 T 교수』
金講師は、もともと口数が少ないうえに新米だから、どこかに一言つけ加えてみる勇気がなかった。
/ ユ・ジノ『金講師とT教授』

너를 어린애 취급할 게 뻔해.（p.36, 12行目）
きみを子ども扱いするに決まってる。

【解説】「−ㄹ / 을 게 뻔하다」(〜なのは明らかだ)は、これまでの出来事や状況から推測する

と、今後のことが目に見えるように明らかであることを表します。主に良い結果ではないことが予測されるときに使います。

【例文】

다른 도배지로 바꿔 새로이 도배를 하려 들 게 뻔했다. / 오정희『야회』
他の壁紙に変えて新しく張り替えようとするのは明らかだった。/ オ・ジョンヒ『夜会』

사람들에게 발각될 게 뻔했다. / 한승원『폐촌』
人々に発覚することが明らかだった。/ ハン・スンウォン『廃村』

밖에서 떨고 서 있었을 게 뻔한 아이들 / 전상국『고려장』
外で震えていたに違いない子どもたち / チョン・サングク『高麗葬』

그래도 괜찮은 편이다. (p.38, 9行目)
まだいいんだ。（直訳：それでもいい方だ。）

【解説】「−ㄴ / 은 / 는 편이다」（～な[～する]方だ）は、ある事実を断定はせずに、だいたいどちらかに近いか属していることを表現するときに使います。

【例文】

책은 꽤 보는 편입니다만 아직 그런 책은 못 봤습니다. / 김승옥『60년대식』
本は結構読む方ですが、まだそんな本は見れていません。/ キム・スンオク『60年代式』

물도 맑은 편이요 / 이태준『무연』
水もきれいな方であり / イ・テジュン『無縁』

나의 꿈속을 헤매는 편이 피차에 행복스러울 것을 나는 잘 안다. / 이효석『성수부』
私の夢の中をさまよった方がお互い幸せになることを私はよく知っている。/ イ・ヒョソク『聖樹賦』

제 2 부
第 2 部

———————— ✳ ————————

제 5 장 – 제 8 장
第 5 章 – 第 8 章

제 5 장

나는 매일 왕자님의 행성에 대해서, 왕자님이 그곳을 왜 떠나왔는지, 행성을 떠난 후의 여행에 대해서 무엇이든 알아나갔다. 이야기를 하는 사이에 천천히, 그리고 우연하게 알게 되는 것이다. 3 일째, 바오밥나무에 대해서 들었을 때도 그랬다.

이번에도 양이 계기가 되었다. 불안한 듯 왕자님이 갑자기 물어왔다.

"양이 풀을 먹는다는 게 사실인 거지?"
"그래, 맞아."
"그렇군! 다행이다."

양이 풀을 먹는다는 게 어째서 그렇게 중요한 일인지, 나한테는 이해가 되지 않았다. 하지만 왕자님은 이렇게 물었다.

"그럼, 양은 바오밥도 먹을까?"

그때 나는 바오밥은 풀이 아니라 교회만큼이나 큰 나무라고 가르쳐줬다. 코끼리가 아무리 많아도 바오밥나무 한 그루조차 먹어치울 수는 없다고.

■계기 きっかけ　■먹어치우다 平らげる

第 5 章

　毎日ぼくは、王子さまの惑星のことや、どうして王子さまがそこを離れた
か、それからの旅について、何かしら学んだ。話をしているうちに、ゆっく
りと、偶然、わかるんだ。３日目にバオバブの木について聞いたときもそう
だった。

　これも、きっかけはヒツジだった。不安そうな感じで、王子さまが突然、
聞いてきたのだ。

　「ヒツジが草を食べるって本当だよね？」

　「そう、本当だよ」

　「そうか！　よかった」

　ヒツジが草を食べるのがどうしてそんなに大事なのか、ぼくにはわからな
かった。でも、王子さまはこうたずねたのだ。

　「じゃあ、ヒツジはバオバブも食べる？」

　そこでぼくは、バオバブは草では
なくて、教会みたいに大きい木なの
だと教えてやった。象がたくさんい
ても、バオバブの木を１本食べるこ
ともできやしないと。

코끼리가 많이 모여 있는 모습을 떠올렸는지 왕자님은 웃었다.

"코끼리를 위로 층층이 쌓아올리면 될 거야……"

이어서 말했다.

"바오밥이 처음부터 컸던 건 아니야. 처음에는 아주 작았다고."

"물론 그렇지. 그런데 너는 어째서 양에게 작은 바오밥을 먹이려는 거지?"

왕자님은 말했다. "응, 설명해줄게!" 중대한 사실을 밝히려는 듯한 말투였다. 다음 설명을 제대로 이해하기 위해 나는 주의를 기울여 들어야 했다.

행성은 어디나 마찬가지겠지만 어린 왕자님이 사는 행성에도 좋은 식물과 나쁜 식물이 자랐다. 즉, 좋은 식물에서 나는 좋은 씨와 나쁜 식물에서 나는 나쁜 씨 같은 게 있었던 것이다. 하지만 씨는 너무 작아서 알아보기가 어렵다. 눈을 뜨고 나서 성장하고자 하고 결정할 때까지는 흙 속에서 잠자다가 때가 오면 흙을 뚫고 작은 싹이 나오는 것이다. 그 싹이 커서 좋은 식물이 되면 가만히 두면 되고, 나쁜 식물이 되면 가능한 빨리 뽑아내야 한다. 왕자님의 행성에는 굉장히 질이 나쁜 씨가 있었다…… 바오밥 씨였다. 이 씨는 별의 땅 속에 묻혀 있다가 자칫 싹이었을 때 뽑지 않으면 점점 자라서 행성 가득 뻗어나가 버린다. 그렇게 되면 별을 빼앗길 것이다. 아주 작은 행성에 바오밥이 너무 많이 자라면 그 별은 파괴돼버린다.

"요컨대, 매일, 부지런히 치워줘야 한다는 거지." 어린 왕자님은 나중에 나한테 말했다. "매일 아침, 나는 별을 돌봐. 장미 모종과 구별이 되자마자 바오밥 모종은 빨리 솎아내야 해. 막 나올 즈음의 바오밥은 장미랑 꼭 닮

■주의를 기울이다 注意を払う　■요컨대 要するに　■장미 バラ　■모종 苗

たくさんの象を思い描いて、王子さまは笑った。

「象をどんどん上に積んでいけばいいんだね……」

そして言った。

「バオバブは最初から大きいわけじゃないんだよ。はじめはとても小さいんだ」

「それはそうだ。でもきみはどうして、ヒツジに小さいバオバブを食べさせたいんだい？」

王子さまは言った。「うん、説明しよう！」重大事を明かすような言い方だった。次にくる説明をちゃんと理解するのに、ぼくは注意して聞かなければならなかった。

惑星ではどこも同じだが、小さな王子さまの惑星にも、いい植物とわるい植物が生えていた。つまり、いい植物から取れるいい種と、わるい植物から取れるわるい種とがあったのだ。でも種というものは、とても小さくて見にくい。目をさまして成長しようと決めるまでは土の中で眠っていて、その時が来ると、土を突き抜けて小さな芽を出すんだ。その芽が大きくなって、いい植物になれば、そっとしておいていい。でもわるい植物になったら、できるだけ早くひっこ抜かなければならないのだ。王子さまの惑星には、ものすごく性質のわるい種があった……バオバブの種だ。この種は、星中の土の中に埋まっていた。うっかりして芽のうちに抜いてしまわないと、どんどん育って惑星中に広がってしまうのだ。星は乗っ取られてしまうだろう。うんと小さい惑星にバオバブがたくさん育ったら、その星は壊されてしまう。

「要は、毎日、きちょうめんに片づけることだよ」小さな王子さまはあとでぼくに言った。「毎朝、ぼくは星の世話をする。バラの苗と区別がつくが早

앉어. 작업이 즐겁지는 않지만 간단
해.”

　그리고 하루는 왕자님이 우리
행성 아이들을 위해 그림을 그려
달라고 했다. “언젠가 아이들이
여행할 일이 생기면”, 왕자님
은 말했다. “이게 도움이 될
지도 모르니까. 기다려 봐.
나중에 해도 늦지 않은 작업
도 있어. 하지만 바오밥을 상대로 해야 할 때도 기다렸다가는 큰코다칠 거
야. 내가 아는 어떤 별은 게으름뱅이 남자가 살았는데 세 그루의 어린 싹
을 소홀하게 놔둔 거야. 그랬더니……”

　그래서 나는 왕자님이 설명하는 대로 이 그림을 그렸다. 보통 나는 다른
사람에게 명령하는 것을 별로 좋아하지 않는다. 그러나 바오밥이 위험할
수 있다는 사실은 그다지 널리 알려져 있지 않았다. 그래서 이번만은 나
자신의 규칙에서 예외를 만들기로 했다. 이렇게 말해볼까. “얘들아! 바오
밥을 조심해!” 나는 이 그림을 아주 열심히 그렸다. 내 친구가 이것을 보
고 바오밥이 얼마나 위험한지 이해했다면 그것으로 만족이었다. 내가 전
하고 싶었던 이 교훈은 전력을 다해 그릴 만한 가치가 있었다고 생각한다.
너는 물을지도 모른다. 이 책의 다른 그림은 어째서 바오밥 그림처럼 잘
그리지 못했냐고. 답은 간단했다. 나는 최선을 다했지만 뜻대로 되지 않았
다. 바오밥을 그릴 때는 바오밥이 품고 있던 위험에 자극을 받았던 것이라
고.

■즈음 頃、くらい　■큰코다치다 ひどい目にあう　■게으름뱅이 怠け者　■소홀하다 おろそかだ
■교훈 教訓　■뜻대로 되지 않다 思い通りにいかない

いか、バオバブの苗は抜くんだ。出始めのころは、バオバブってバラにそっくりなんだよ。作業はおもしろくもないけど、簡単なんだ」

　そしてある日、王子さまは、ぼくの惑星の子どもたちのために絵を描いてほしがった。「いつか子どもたちが旅行することがあったら」、王子さまは言った。「これが役に立つかもしれない。待ってみて、あとからやっても遅くない作業もある。でもバオバブが相手のときは、待っていたら大変なことになるんだ。ぼくの知っているある星は、なまけものの男が住んでいて、3本の若芽をほうっておいたんだ。そうしたら……」

　それでぼくは、王子さまの説明どおり、この絵を描いた。普通なら、ぼくは人に指図をするのはきらいだ。でもバオバブの危険というものはあまり広く知られていない。だから、今回だけは自分のルールに例外をつくることにした。こう言おう。「子どもたち！　バオバブに気をつけろ！」ぼくは、この絵をものすごく一生懸命描いた。ぼくの友達がこれを見て、バオバブの危険をわかってくれるといいのだが。ぼくの言いたかったこの教訓は、がんばって絵を描くだけの価値があったと思うよ。きみはたずねるかもしれない。この本のほかの絵は、どうしてバオバブの絵みたいに上手じゃないの？　答えは簡単だ。ぼくはベストを尽くしたけど、うまくいかなかった。バオバブを描いたときは、バオバブのはらむ危険に触発されたのだ。

제 6 장

아, 어린 왕자님. 나는 이제야 겨우 너의 작은 삶이 지닌 슬픔을 이해하기 시작한 듯하다. 너는 일몰의 아름다움을 바라보는 것밖에는 즐거운 시간 따위 가져본 적이 없었던 거야. 이것을 알게 된 것은 나흘째 아침, 네가 이렇게 말했을 때였다.

"나 말이야, 해 지는 걸 보는 게 너무 좋아. 보러 가자……"

"하지만 기다려야 해……"

"기다린다니, 뭘?"

"뭐긴, 해가 지는 거지."

너는 처음에 너무 놀란 듯하다가 자조하는 듯 말했다. "순간 우리 별에 있는 줄 알았어!"

모두 알다시피 미국이 정오일 때 프랑스에서는 해가 진다. 일몰이 보고 싶다면 1분 만에 프랑스에 가야 한다. 불행하게도 프랑스는 너무 멀다. 하지만 너의 작은 행성이라면 의자를 몇 걸음 움직이기만 하면 되겠지. 원한다면 일몰을 몇 번이나 볼 수 있으니까.

■일몰 日の入り　■자조하다 自嘲する

第 6 章

　ああ、小さな王子さま。ぼくはようやく、きみの小さな人生の悲しみがわかりかけてきた。きみは、入り日の美しさを眺める以外には、楽しみの時間など持たずに来たのだ。これを知ったのは 4 日目の朝、きみがこう言ったときだった。

「ぼく、日の入りを見るのが大好きだよ。見に行こうよ……」
「でも待たなくちゃ……」
「待つって、何を？」
「太陽が沈むのをだよ」
　きみは最初、とてもびっくりしたようで、それから自分自身を笑って言った。「一瞬、自分の星にいるんだと思っていたよ！」
　みんな知ってると思うけど、アメリカで正午のとき、太陽はフランスで沈んでいく。日の入りを見たければ、1 分くらいでフランスに行かなくちゃいけないわけだ。不幸なことに、フランスはあまりに遠い。でもきみの小さな惑星なら、椅子を何歩か動かすだけでいいんだね。そうしたら日の入りを、何度でも見たいだけ見られるんだ。

"마흔네 번 본 적도 있어!"

그리고 이렇게도 말했다.

"저기, 알고 있어…… 슬플 때 일몰을 보면 마음이 가라앉아……"

나는 물었다. "일몰을 마흔네 번 본 날은 굉장히 슬펐겠네?"

왕자님은 대답하지 않았다.

 # 제 7 장

5일째가 되어 나는 왕자님의 비밀을 알게 되었다. 왕자님이 갑자기 질문을 던졌는데 오랜 생각 끝에 물은 듯했다.

"만일 양이 풀을 먹는다면 꽃도 먹을까?"

"양은 닥치는 대로 아무거나 먹어."

"가시가 있는 꽃이라도?"

"물론이지. 가시가 있는 꽃이라도."

"그럼, 가시 따위 뭣 때문에 있는 거지?"

■마음이 가라앉다 心が静まる　■닥치는 대로 아무거나 手当たり次第に何でも　■가시 トゲ

「44回見たこともあるよ！」

また、こうも言った。

「ねえ、知ってる……悲しいときには夕日を見ると気分が休まるんだ……」

ぼくはたずねた。「日の入りを44回も見た日は、とても悲しかったんだね？」

王子さまは答えなかった。

第 7 章

5日目になって、ぼくは王子さまの秘密を知った。王子さまは突然、質問をしてきたが、長いこと考えてから聞いたようだった。

「もしヒツジが草を食べるのなら、花も食べる？」

「ヒツジは、手当り次第、何でも食べるよ」

「トゲのある花でも？」

「そうだ。トゲのある花でも」

「じゃ、トゲなんて、何のためにあるのさ？」

그런 걸 내가 알 리가 없다. 그보다 나는 바빴다. 비행기를 고치는 참이 었기 때문이다. 걱정이 돼서 죽을 지경이었다. 수리는 힘들었고 마실 물은 바닥을 보이고 있었다.

"그러면 가시는 무엇 때문에 있는 거야?" 어린 왕자님은 한 번 뱉은 질 문은 절대로 포기하지 않았다. 나는 걱정으로 짜증이 난 상태였으므로 머 리에 떠오르는 대로 내뱉었다.

"가시라는 게 아무짝에도 쓸모 없는 거야. 꽃은 심술쟁이라서 가시를 붙이고 있는 거라고!"

"뭐라고!"

그러나 잠시 후에 왕자님은 화난 듯이 말했다.

"당신이 하는 말 따위 믿을 수 없어! 꽃은 약하단 말이야. 순수하고 아 름다워. 있는 힘껏 자신을 지키려 할 뿐이야. 가시가 보호해줄 거라고 믿 고 있어……"

나는 대답하지 않았다. 듣지도 않았다. 줄곧 비행기에 대해서만 생각하 고 있었다. 왕자님이 말을 이어갔다.

"그럼, 당신은, 당신이 생각하는 꽃은……"

"아냐, 아니라고! 나는 아무 생각도 하지 않아! 떠오르는 대로 말했을 뿐이야. 중요한 일로 바쁘단 말이야!"

왕자님은 멍하게 나를 바라보며 목소리를 높였다.

"중요한 일!"

그리고 말했다. "당신은 어른같이 말하네!"

나는 멋쩍어졌다. 하지만 왕자님은 계속했다.

"당신은 아무것도 몰라!"

왕자님은 진심으로 화가 나 있었다. 금발을 나풀거리며,

■(물이) 바닥을 보이다 (水が)底をつきかける ■짜증이 나다 イライラする ■아무짝에도 쓸모 없다 何の役にも立たない ■심술쟁이 意地悪 ■멍하다 呆然とする ■멋쩍다 照れくさい ■나풀거 리다 ひらひらする、なびく

　そんなことはぼくは知らない。それより忙しかった。飛行機を直そうとしていたのだ。心配でたまらなかった。修理は難しく、飲み水は底を尽きかけていた。

　「だったらトゲは、なんのためにあるのさ？」小さな王子さまは、質問をぜったいにやめないのだ。ぼくは心配で、機嫌がわるかったので、頭にうかんだ最初のことを言った。

　「トゲなんて、なんの役にも立ちやしないよ。花は、意地悪だからトゲをつけてるんだ！」

　「えっ！」

　でもしばらくして、王子さまは怒ったように言った。

　「きみの言うことなんか、信じないよ！ 花は弱いんだ。純粋で、美しいんだ。できるだけのことをして自分を守ろうとしているだけなんだよ。トゲが守ってくれると信じているんだ……」

　ぼくは答えなかった。聞いてもいなかった。ずっと飛行機のことを考えていたのだ。王子さまがまた言った。

　「それじゃ、きみは、きみが考える花は……」

　「違う、違う！ ぼくは何にも考えちゃいない！ 思いついたことを言っただけなんだ。大事なことで忙しいんだ！」

　王子さまはぼう然としてぼくを見つめ、声をあげた。

　「大事なこと！」

　そして言った。「きみはおとなみたいな話し方をするんだね！」

　ぼくは決まりがわるくなった。でも王子さまは続ける。

　「きみは何もわかっちゃいないよ！」

　王子さまは、本気で怒っていた。金色の髪をゆらしながら、

"나는 새빨간 얼굴을 한 아저씨가 사는 별을 알고 있어. 아저씨는 꽃향기를 맡은 적도 없고 별을 올려다본 적도 없어. 누군가를 사랑해본 적도 없어. 덧셈밖에는 아무것도 하지 않아. 그리고 당신처럼 '나는 중요한 인물이다! 나는 중요한 인물이다!' 라고 하루 종일 말하는 거야. 자기가 중요한 인물이라는 생각에 머리가 꽉 찬 거야. 하지만 그런 건 사람이 아니야…… 버섯이야!"

"뭐라고?"

"버섯이라고!"

왕자님은 분노로 얼굴이 창백해졌다.

"몇백만 년 동안이나 꽃은 가시를 달고 있었어. 그런데 몇백만 년 동안이나 양은 꽃을 먹어온 거야. 꽃은 지켜주지도 않는 가시를 계속 달고 있었는지 이해하려 하는 게 어째서 중요하지 않다는 건지, 어떻게 당신에게 말해야 하지? 양과 꽃의 전쟁 따위 문제가 아니라고, 어떻게 말할 수 있지? 덧셈을 하는 빨간 얼굴의 뚱뚱한 아저씨보다 중요하지 않다고 말할 수 있어? 게다가 나는, 나는, 세상에 단 하나뿐인, 나의 별에서만 피는 꽃을 알고 있어…… 그래도 작은 양이 그 꽃을 망쳐버린다면, 자기가 얼마나 중요한 일을 하는지도 모른 채, 어느 날 아침 그 꽃을 먹어버린다면 — 그게 아무 일도 아니라고 말할 수 있어?"

말을 이어가는 사이에 왕자님 얼굴은 옅은 복숭아 빛으로 물들었다.

"만일 누군가가, 몇백만의 별 중에서 단 하나의 별에 사는 꽃을 사랑한다면 밤하늘을 올려다보는 것만으로도 행복해질 거야. 별들을 보고, 마음속으로 말하는 거야. '나의 꽃이 이 중 어딘가에 있어……' 하지만 만일 양이 그 꽃을 먹어버렸다면, 갑자기, 별이 모두 사라지는 거랑 마찬가지잖아. 그런데 그게…… 그게 중요하지 않다고 말하는 거야!"

■ (얼굴이) 창백하다 (顔が) 青白い

「ぼくは、真っ赤な顔のおじさんが住んでいる星を知ってるよ。おじさんは花の香りをかいだこともなければ、星を見上げたこともない。だれかを愛したこともない。足し算以外、何もしない。そしてきみみたいに『おれは重要人物だ！ おれは重要人物だ！』って一日中、言ってるんだよ。自分の重要さで頭が一杯なんだ。でもそんなのは人間じゃない……キノコだ！」

「なんだって？」
「キノコさ！」
王子さまは、怒りで蒼白になった。
「何百万年もの間、花はトゲを生やしてきた。なのに、何百万年もの間、ヒツジは花を食べてきた。花がどうして、守ってもくれないトゲを生やし続けるのか、わかろうとすることが大事じゃないなんて、どうしてきみに言えるの？ ヒツジと花の戦争なんか問題じゃないって、どうして言えるの？ 足し算をしてる赤い顔の太ったおじさんより、大事じゃないって言えるの？ それにぼくは、ぼくは、たった一つしかない、ぼくの星にしか咲かない花を知ってるんだよ……そしてもし小さなヒツジがその花を壊してしまったら、自分のしていることの重大さも知らずにある朝、食べてしまったら——それがなんでもないって言うの？」
続けるうちに、王子さまの顔は薄桃色に染まってきた。
「もしだれかが、何百万もの星の中で、たった一つの星に住む花を愛したら、夜空を見上げるだけで幸せになるよ。星たちを見て、心の中で言うんだ。『ぼくの花は、このどこかにいる……』でももしヒツジがその花を食べてしまったら、突然、星がぜんぶ消えるのと同じじゃないか。それが……それが大事じゃないって言うんだ！」

　어린 왕자님은, 더 이상 아무 말도 하지 않았다. 드디어 눈물을 터뜨렸고 끊임없이 울다가 밤이 되었다. 나는 하던 일을 전부 그만뒀다. 비행기도, 공복도, 죽을지도 모른다는 사실조차, 아무래도 상관없었다. 어떤 별의, 행성 위에 — 아니, 이 행성, 나의 행성, 이 지구에 — 불행한, 어린 왕자님이 있는 것이다! 나는 왕자님을 품에 안았다. 꼭 껴안고 말했다. "네가 사랑하는 꽃이 위험에 처할 일 따위는 없어…… 너의 꽃을 지킬 수 있도록, 뭔가 그려줄게…… 난……" 뭐라 해야 좋을지 알 수 없었다. 자신의 무력함이 사무치게 밀려왔다. 어떻게 해야 왕자님의 마음에 닿을 수 있을지, 알 수가 없었다……. 눈물의 나라는 너무나 멀리 있었다.

 # 제 8 장

　얼마 지나지 않아서 나는 이 꽃에 대해 좀 더 잘 알게 되었다. 어린 왕자님의 행성에서는 항상 단조로운 꽃밖에는 피어나는 일이 없었다. 한 겹의 꽃잎을 달고 있는 그 꽃들은, 어느 날 아침 피었는가 하면 저녁에는 시들었다. 하지만 이 특별한 꽃은, 씨앗이었을 때 어딘가 다른 곳에서 온 것이 틀림없었다. 왕자님은 이 특이한 씨앗이 성장하는 것을 주의 깊게 지켜보았다. 그 어떤 다른 식물과도 다른 것 같았다. 신종 바오밥일지도 모른다. 그러던 어느 날 꽃봉오리가 달렸다. 어린 왕자님은 월등히 탐스러운 꽃이 필 거라고 생각했다. 하지만 꽃은 필 생각을 전혀 하지 않았다. 아직 준비

■마찬가지 同じ、同様　■공복 空腹　■아무래도 상관없다 どうでもかまわない　■무력함 無力さ
■사무치다 身に染みる

　小さな王子さまは、それ以上何も言えなかった。泣いて、泣いて、泣きとおした。夜になっていた。ぼくはやっていたことをぜんぶやめた。飛行機も、空腹も、死ぬかもしれないことさえ、どうでもよかった。ある星の、惑星の上に——いや、この惑星、ぼくの惑星、この地球に——不幸せな、小さな王子さまがいるのだ！　ぼくは王子さまを抱きよせた。抱きしめて、言った。「きみの愛している花は危ない目になんか遭ってないよ……きみの花を守れるように、何か描いてあげる……ぼく……」なんと言っていいか見当もつかなかった。自分の無力さをいたいほど感じた。どうやったら王子さまの心にとどくのか、わからなかった……。涙の国は、あまりにも遠かった。

第 8 章

　まもなくぼくは、この花についてもっと知ることになった。小さな王子さまの惑星では、いつも単純な花しか生えたことがなかった。花びらは一重で、ある朝、咲いたかと思うと、夕方にはしぼんでいた。でもこの特別な花は、種の時、どこか他の場所から来たに違いない。王子さまは、この変り種が成長するにつれ、注意深く見守った。ほかのどの植物とも違うらしい。新種のバオバブかもしれなかった。ある日、つぼみをつけた。小さな王子さまは、とびきりの花が咲くのだろうと思った。でも花の方では、一向に開く気配がなかった。お支度がすんでいないのだ。花は、身にまとう色彩を注意深

가 끝나지 않았던 것이다. 꽃은 자기 몸을 두를 빛깔을 주의 깊게 고르면서 천천히 의상을 갖춰나갔다. 최고로 아름다운 모습을 선보여야 했다. 그렇다, 무척이나 자존심 센 꽃이었다! 준비는 며칠, 그리고 또 며칠이나 걸렸다. 그리고 드디어 어느 날 아침, 해가 막 떠오를 즈음, 꽃이 피었다.

그토록 정성껏 준비를 했으면서, 꽃은 이렇게 말했다.

"이런! 아직 제대로 깨어나지 않았단 말이에요…… 죄송해요…… 보여줄 만한 상태가 아직 아니란 말이에요……"

어린 왕자님은 저도 모르게 소리쳤다.

"어떻게 이렇게 아름답지!"

"그렇죠?" 꽃은 부드럽게 대답했다. "저는 아침 해가 뜨는 순간에 태어났다고요……"

자존심 센 꽃이라는 것은 왕자님도 알아챘다. 하지만 이렇게 아름답고 섬세한 꽃이라니!

"제 아침식사 시간인 것 같아요."

꽃은 왕자님에게 말했다.

"만일 괜찮으시다면……"

겸연쩍어진 왕자님은 물뿌리개에 차가운 물을 가득 담아 꽃에게 아침밥을 주었다.

■탐스럽다 魅力的だ、うっとりするようだ　■자존심 自尊心、プライド　■섬세하다 繊細だ
■겸연쩍다 照れくさい　■물뿌리개 じょうろ

く選び、ゆっくりと衣装をととのえた。最高に美しいところを披露しなけれ
ば。そう、とてもうぬぼれが強かったのだ！　準備は、何日も何日もかかっ
た。そしてついにある朝、ちょうど太陽が昇るころ、花は開いた。

　あれだけ念入りに準備したのに、花はこう言った。
　「あら！　まだちゃんと目が覚めていませんのよ……失礼いたしますわ……
ご覧いただくような状態じゃ、ございませんことよ……」
　小さな王子さまは、思わず叫んだ。
　「なんて美しいんだろう！」
　「そうでしょう？」花はやさしく答えた。「わたくし、朝日が昇る瞬間に生
まれましたのよ……」
　うぬぼれの強い花だということは、王子さまにもわかった。でも、こんな
に美しくて繊細なのだ！
　「わたくしの朝ごはんの時間だと思いますわ」
　花は王子さまに言った。
　「もしよろしければ……」
　きまりわるくなって王子さまは、じょうろに冷たい水を一杯入れ、花に朝
ごはんをあげた。

꽃은 금새 허세를 부리며 왕자님을 난처하게 만들기 시작했다. 예를 들어 어느 날인가 장미 가시 네 개에 대해 이야기할 때였다. 이렇게 말했다.

"호랑이든 뭐든 오기만 해보라지. 맹수의 발톱 따위 무서울 것 없어!"

"우리 별에는 호랑이가 없는데" 왕자님은 지적했다. "어차피 호랑이가 풀을 먹지도 않을 거고."

"저는 풀이 아니라고요." 꽃은 애교스럽게 말했다.

"미안해……"

"호랑이 따위 무섭지 않다고요. 하지만 차가운 공기는 제 몸에 좋지 않아요. 바람막이를 혹시 가지고 있나요?"

"차가운 공기가 몸에 나쁘다니…… 식물인데 보기 드문 일이네." 왕자님은 생각했다. "이 꽃, 꽤나 까다롭네……"

"매일 밤, 유리 덮개를 씌워서 따뜻하게 해주세요. 당신의 별은 너무 춥다고요. 내가 태어나고 자란 곳은……"

꽃은 입을 다물었다. 왕자님의 별에 씨앗이었을 때 온 꽃이 다른 별을 알고 있을 리 만무했다. 바보 같은 거짓말인 것을 들통난 꽃은 화를 내며 두세 번 기침을 했다.

"바람막이는 갖고 있나요?"

"지금 찾으러 가려던 참인데, 네가 말을 걸어왔잖아!"

꽃은 이번에도 왕자님에게 미안해하는
마음을 들게 하려는 듯 다시 기침을 했다.

花はすぐ、見栄をはっては王子さまを困らせ始めた。たとえばある日、バラの４つのトゲの話をしていたときだった。こう言った。

「トラでもなんでも来るがいいわ。カギ爪なんて、怖くない！」

「ぼくの星にはトラはいないよ」王子さまは指摘した。「どっちにしても草を食べないし」

「わたくしは草ではありませんわ」花は甘ったるく言った。

「ごめん……」

「トラなんか怖くないことよ。でも、冷たい空気はわたくしの体によくありませんわ。風除けをお持ち？」

「冷たい空気が体にわるいなんて……植物なのにめずらしい」王子さまは思いました。「この花はだいぶ気難しいんだな……」

「毎晩、ガラスのケースをかぶせて暖かくしてくださいな。あなたの星はとても寒いんですもの。私が生まれ育ったところでは……」

花は口をつぐんだ。王子さまの星には種のときに来たのだ。他の星のことなんか、知っているはずがない。ばかな嘘が見え見えになって花は怒り、２、３回咳をした。

「風除けはお持ちかしら？」

「今、探しに行こうとしたんだけど、きみが話しかけてきたから！」

花は、王子さまにやっぱりすまなかったと思わせようとして、また咳をした。

■허세를 부리다 見栄をはる　■맹수 猛獣　■애교 愛嬌　■ - (으/을) 리(가) 만무하다 〜はずがない
■들통나다 ばれる、ぼろが出る

　이렇게 왕자님은 사랑하는 꽃을 의심하게 됐다. 이제까지는 꽃이 하는 말은 다 믿어왔는데 지금은 불행했다.

　"꽃이 하는 말 따위는 들어서는 안 됐던 거야." 어느 날, 왕자님은 나에게 말했다. "꽃이 무슨 말을 해도 믿을 게 못 돼. 꽃이란 바라보고 향기를 맡기만 하는 게 가장 좋아. 꽃 덕분에 우리 별 전체가 아름다워졌는데 나는 그것을 즐거워할 수 없었어. 좀더 상냥하게 대해야 했어……"

　왕자님은 이어서 말했다.

　"나는 그 꽃에 대해서 정말로는 알지 못했던 거야! 꽃이 하는 말이 아니라 하는 행동으로 판단했어야 했어. 꽃은 나의 세계를 아름답게 만들어줬어. 나는 꽃의 곁을 떠나지 말았어야 했어! 바보 같았던 줄다리기, 그 깊은 곳에 상냥함이 존재했다는 사실에 눈을 떠야 했던 거야. 꽃이란 모두 정말 애를 먹이는 존재인데 말이야! 내가 너무 어려서 꽃을 어떻게 사랑해야 하는지 몰랐던 거야."

■상냥하다 やさしい　■곁 そば　■줄다리기 綱引き、駆け引き　■애를 먹다 手を焼く、苦労する

　こうして、王子さまは、愛する花を疑うようになった。花が言うことをずっと信じてきたけれど、今は不幸せだった。

　「花の言うことなんか、聞いちゃいけなかったんだ」ある日、王子さまはぼくに言った。「花が何か言っても、信じるものじゃない。花というのは、ながめて、香りをかぐだけにするのが一番いいんだ。花のおかげでぼくの星全体が美しくなったのに、ぼくはそれを楽しめなかった。もっとやさしくするべきだったんだ……」

　王子さまは続けて言った。

　「ぼくは、この花のことが本当はわかっていなかったんだ！ 花の言うことじゃなく、することで判断すべきだったんだ。花は、ぼくの世界を美しくしてくれた。ぼくは花のそばを離れるべきじゃなかったんだ！ ばからしい駆け引きの奥にあるやさしさに気付くべきだったんだ。花というのは、どれも本当にてこずるものだ！ ぼくはあまりに子どもで、どうやって花を愛したらいいか、わからなかったんだ」

覚えておきたい韓国語表現

> 중대한 사실을 밝히려는 듯한 말투였다. (p.48, 7−8行目)
> 重大事を明かすような言い方だった。

【解説】「−는 듯하다」（〜なようだ）は、述べる人がある事件や状態などを推察・推測することを表すときに使います。

【例文】

> 그녀의 기름이라도 친 듯한 맑고 매끄러운 웃음 / 윤흥길 『황혼의 집』
> 彼女の油でも打ったような清らかで滑らかな笑い / ユン・フンギル『黄昏の家』

> 의미 있는 듯한 웃음을 머금고 엘리자베트를 들여다보았다. / 김동인 『약한 자의 슬픔』
> 意味ありげな笑みを浮かべてエリザベートをのぞき込んだ。 / キム・ドンイン『弱き者の悲しみ』

> 지워지지 않는 연필로 그린 듯한 강한 선 / 이청준 『병신과 머저리』
> 消えない鉛筆で描いたような強い線 / イ・チョンジュン『病身とまぬけ』

> 눈을 뜨고 나서 성장하고자 하고 결정할 때까지는 (p.48, 13行目)
> 目をさまして成長しようと決めるまでは

【解説】「−고자」（〜しようと）は、話し手がある行動をする意図や欲望を持っていることを表すときに使います。先行節にある意図や目的によって後続節の行動をとることを表します。

【例文】

> 내가 정작 태워 없애고자 했던 알맹이 / 윤흥길 『직선과 곡선』
> 私が実際に焼き払おうとした中身 / ユン・フンギル『直線と曲線』

> 아이의 눈에 비친 모든 것을 보고자 하는 욕망으로 만화경을 집어 들었다. / 오정희 『동경』
> 子どもの目に映ったすべてを見ようとする欲望で万華鏡を手にした。 / オ・ジョンヒ『憧れ』

> 아름다운 표정을 가진 미녀를 그려 보고자 하였다. / 김동인 『광화사』
> 美しい表情をした美女を描いてみようと思った。 / キム・ドンイン『狂画師』

68

기다렸다가는 큰코다칠 거야. (p.50, 10 – 11行目)
待っていたら大変なことになるんだ。

【解説】「-다가는」(〜していては)は、先行節の行動や状態が続くと、その結果として未来によくないことが起きるか、よくない状態になることを表します。警告や忠告をするときによく使います。

【例文】

그냥 내보냈다가는 공연한 문제가 생길 것 같군요. / 이청준 『소문의 벽』
そのまま送り出したら無駄な問題が生じそうですね。/ イ・チョンジュン『噂の壁』

섣불리 입 밖에 내었다가는 무슨 화를 볼는지 알 수 없나. / 이상 『날개』
下手に口に出したら何の災いを招くか分かるか。/ イ・サン『翼』

이런 일이 거듭되다가는 자진해서 퇴사해야 할 형편이었다. / 황석영 『섬섬옥수』
このようなことが繰り返されれば、自ら退社しなければならない状況だった。/ ファン・ソギョン『繊繊玉手』

왕자님이 설명하는 대로 이 그림을 그렸다. (p.50, 13行目)
王子さまの説明どおり、この絵を描いた。

【解説】「-은/는 대로」(〜するとおりに)は、先行節の動作のとおりに後続節で行動することを意味します。主に動詞の後ろで使われますが、名詞の後ろで使う場合は、「-은/는」ではなくそのまま名詞に「대로」をつけて、前の「名詞の意味のまま」もしくは「名詞の意味に従って」という意味で使います。

【例文】

이미 결정되었으니 시키는 대로 따르도록 해라. / 이문열 『황제를 위하여』
すでに決まったから言われたとおりに従うようにしなさい。/ イ・ムニョル『皇帝のために』

주면 주는 대로 받을 뿐이다. / 황석영 『객지』
与えれば与えられるがままに受け取るだけだ。/ ファン・ソギョン『客地』

약도에 그려진 대로 무작정 찾아왔다. / 서영은『술래야 술래야』

略図に描かれたとおり、やみくもに訪ねてきた。/ ソ・ヨンウン『鬼よ鬼よ』

그것조차 마음대로 되지 않았다. / 박완서『부처님 근처』

それさえ思いどおりにいかなかった。/ パク・ワンソ『仏様の近く』

봉급날의 풍속대로 초저녁부터 흥청거리기 시작했다. / 조해일『아메리카』

給料日の風俗どおり、宵の口からにぎわい始めた。/ チョ・ヘイル『アメリカ』

너무 놀란 듯하다가 자조하는 듯 말했다. (p.52, 下から6行目)
とてもびっくりしたようで、それから自分自身を笑って言った。

【解説】「ーレ/은/는 듯(이)」(～ように)は、後続節に表れる行動や状態を見て、まるでそれが先行節の行動や状態と変わらないか、そのように見えることを推測して言うときに使います。後続節を強調するために先行節の表現を誇張する場合が多いです。

【例文】

정말 보고 싶어 죽겠다는 듯이 안달을 떠는 전화 / 박완서『부끄러움을 가르칩니다』

本当に会いたくてたまらないようなやきもきした電話 / パク・ワンソ『恥ずかしさを教えます』

트럼펫 소리도 지친 듯 늘어지고 있었다. / 한수산『부초』

トランペットの音も疲れたように垂れ下がっていた。/ ハン・スサン『浮草』

사내는 이를 악물고 있는 듯 여겨졌다. / 양귀자『멀고 아름다운 동네』

男は歯を食いしばっているように思われた。/ ヤン・グィジャ『遠くて美しい町』

자기들의 일이 무의미하고 어리석은 듯이 여겨졌다. / 황석영『객지』

自分たちのことは無意味で愚かなように思われた。/ ファン・ソギョン『客地』

모두 알다시피 미국이 정오일 때 프랑스에서는 해가 진다.
(p.52, 下から4行目)

みんな知ってると思うけど、アメリカで正午のとき、太陽はフランスで沈んで
いく。

【解説】「-다시피」(〜するとおり)は、「知る」、「見る」、「感じる」などの知覚を表す動詞に付
いて、「その動詞の意味のとおりに」という意味を表します。

【例文】

보시다시피 괜찮습니다. / 최상규『악령의 늪』

ご覧のとおり大丈夫です。/ チェ・サンギュ『悪霊の沼』

여러분도 알다시피 그 집 재산을 이만큼이라도 일으켜 준 건 이 배대기의 공이 아니겠소? / 이문열
『황제를 위하여』

皆さんもご存知のように、その家の財産をこれだけつくってくれたのは、このペ・デギの功ではな
いでしょうか？ / イ・ムニョル『皇帝のために』

의자를 몇 걸음 움직이기만 하면 되겠지. (p.52, 下から2行目)
椅子を何歩か動かすだけでいいんだね。

【解説】「-기」(〜のこと)は、動詞や形容詞を名詞に変える役割をし、日本語では「〜こと、
〜の」に当たります。以下のように、名詞として定着した単語も多くあります。

名詞として定着した単語

크다 → 크기 (大きい→大きさ)　　　　밝다 → 밝기 (明るい→明るさ)

굵다 → 굵기 (太い→太さ)　　　　　　빠르다 → 빠르기 (速い→速さ)

듣다 → 듣기 (聞く→聞くこと、聞き取り)　말하다 → 말하기 (話す→話すこと、会話)

쓰다 → 쓰기 (書く→書くこと、作文)

【例文】

우리같이 없는 사람들이 그곳에 들어가 돈 받고 일하며 살기 좋다더라. / 강경애『인간문제』

私たちのような貧乏人たちがそこに入ってお金をもらって仕事をしながら暮らすのに良いそうだ。
/ カン・ギョンエ『人間問題』

覚えておきたい韓国語表現

그렇게 쉽사리 빼앗기기는 싫었다. / 염상섭 『삼대』
そんなに簡単に奪われたくなかった。/ ヨム・サンソプ『三代』

가끔 홍수가 나기도 하지만. / 채만식 『탁류』
たまに洪水になることもあるが。/ チェ・マンシク『濁流』

오랜 생각 끝에 물은 듯했다. (p.54, 下から6行目)
長いこと考えてから聞いたようだった。

【解説】「-ㄴ/은 끝에」(〜した末に) は、長い時間をかけた後や険しい過程を経てから結果を得ることを表すときに使います。結果を得るまでの過程が長くて大変だったことを表します。名詞の後ろに付く場合は「-ㄴ/은」は付けず、名詞にそのまま「끝에」を付けます。

【例文】

천신만고 끝에 이루어 놓은 모든 것들이 하루아침에 물거품이 되는 것인가. / 조정래 『불놀이』
千辛万苦の末に成し遂げたすべてが一瞬にして水の泡になるのか。/ チョ・ジョンネ『火遊び』

미친 듯이 헤맨 끝에 조카를 만났다. / 박완서 『카메라와 워커』
狂ったように迷ったあげく、甥に会った。/ パク・ワンソ『カメラとワーカー』

오랜 시간 기다린 끝에 마침내 비빔밥이 나왔다. / 양귀자 『찻집 여자』
長い間待った末、ついにビビンバが出てきた。/ ヤン・グィジャ『喫茶店の女』

어느 날 아침 피었는가 하면 저녁에는 시들었다. (p.60, 下から6-5行目)
ある朝、咲いたかと思うと、夕方にはしぼんでいた。

【解説】「-ㄴ/은/는가 하면」(〜するかと思えば) は、先行節と後続節の内容が相反するか、異なる場合に使います。

나타났는가 하면 사라져 버리는 일도 있었다. / 장용학『역성서설』

現れたかと思えば消えてしまうこともあった。 / チャン・ヨンハク『易姓序説』

삼십이 넘은 사람이 있는가 하면 이십 전인 소년도 있었다. / 안수길『북간도』

30歳を超えた人がいるかと思えば、20歳前の少年もいた。 / アン・スギル『北間島』

부서진 얼음조각들은 그대로 물에 가라앉는가 하면 떠내려가곤 했다. / 황순원『카인의 후예』

割れた氷片はそのまま水に沈むかと思えば流されたりした。 / ファン・スンウォン『カインの後裔』

지금 찾으러 가려던 참인데 （p.64, 下から3行目）
今、探しに行こうとしたんだけど

【解説】「−(으)려던 참이다」（〜しようとしていたところだ）は、他の人が何かを誘うその「時に」、もしくは「近い未来に」、話し手がある行動をしようとしていた状況を伝えるときに使います。動詞の後ろで使います。

【例文】

사실은 거길 갈까 하구 나가려던 참이다. / 박영준『외짝 양말들』

実はそこに行こうかと思って出かけようとしたところだ。 / パク・ヨンジュン『片方の靴下』

나는 몰래 바라보고 그대로 돌아가려던 참이라 또 한번 당황했다. / 손창섭『유실몽』

私はじっと見つめてそのまま帰ろうとしていたので、もう一度当惑した。 / ソン・チャンソプ『流失夢』

"술을 마시고 싶어졌어."
"그러지 않아도 권하려던 참이지." / 선우휘『깃발 없는 기수』

「お酒が飲みたくなった。」
「そうでなくても勧めようとしていたところだ。」 / ソン・ウフィ『旗のない騎手』

韓国語の分かち書き

　韓国語を勉強する外国人が特に難しく感じるのが、韓国語の分かち書きです。例えば、［한 마디］と［한마디］のように、分かち書きをするかしないかによって意味が変わるケースもあれば、［가르쳐 주다］と［가르쳐주다］のように分かち書きをしてもしなくても問題ないケースもあります。

　韓国語の分かち書きの大原則は「文章の各単語は分かち書きを原則とする。助詞はその前の文字に付けて書く」です。しかし、「単語」が何なのかについて具体的に話すと問題は複雑になります。また、「原則とする」はすなわち「例外も許容する」という意味なので、ますます分からなくなってしまいます。

　韓国語の単語は大きく「単一語」と「複合語」に分かれます。単一語とは、一つの形態素（意味を持つ要素としてはこれ以上分解できない最小単位）から成る語のことです。複合語は二つ以上の形態素が結合された単語で、さらに「派生語」と「合成語」とに分かれます。

　上記の例で、［한 마디］は「一つ」を意味する［한］と「節」を意味する［마디］が独立した単語で、すなわち「一つの節」という意味です。一方、［한마디］は複合語で「短くて簡潔な言葉」という意味になります。したがって、結婚式などで「축사 한마디 부탁드립니다」（祝辞を一言お願いします）と言うときは、［한마디］と付けて書かなければなりません。対して「그는 그녀의 편지를 한 마디씩 유심히 읽었다」（彼は彼女の手紙を一節ずつ注意深く読んだ）と言うときは、［한 마디］と離して書かなければなりません。

　さらに、韓国語の述語は「本用言」と「補助用言」とに分かれます。上記の例では、［가르치다］（教える）が本用言、［주다］（あげる、くれる）が補助用言で、本用言＋補助用言の形態を成して［가르쳐 주다］（教えてあげる、教えてもらう）となりました。ハングル正書法によれば、「補助用言は分かち書きを原則とするが、場合によっては付けて書くことも許容する」と規定されています。したがって、［가르쳐 주다］と［가르쳐주다］はどちらで書いても文法には反しません。

　本書の本文では、より読みやすくするために補助用言はできるだけ付けて書いています。一方で、文法を説明する「覚えておきたい韓国語表現」の例文では、分かち書きのケースがより多いことが分かるでしょう。（→p.133 ［-아/어 두다］参照）

제 3 부

第 3 部

---✳---

제 9 장 – 제 12 장

第 9 章 – 第 12 章

제 9 장

　야생의 새들이 왕자님이 별에서 떠날 수 있게 도와주었다고 한다. 출발하는 날 아침, 왕자님은 별을 깨끗하게 치웠다. 활화산을 조심스럽게 청소했다. 활화산은 두 개 있었는데 아침밥을 준비하는 데 매우 요긴하게 쓰였다. 휴화산도 있었다. 하지만 왕자님은 "모르는 일이야!"라며 청소를 했다. 화산은 깨끗하게 청소만 해준다면 조용히 타오르기 때문에 문제가 생기지 않았다.

　새로 나온 바오밥의 새싹도 뽑았다. 이 별에는 두 번 다시 돌아오지 않을 것이었으므로 왕자님은 슬퍼졌다. 마지막으로 다시 한 번만 유리 덮개를 장미에게 씌워줄 준비를 하는데 왕자님은 울음이 날 것 같았다.

　"잘 있어." 왕자님은 꽃에게 말했다.
　꽃은 대답하지 않았다.
　"잘 있어." 다시 한 번, 말을 건넸다.

　꽃은 기침을 했다. 추워서가 아니었다.

■활화산 活火山　■휴화산 休火山　■말을 건네다 語りかける

第 9 章

　野生の鳥たちが、王子さまが星を離れるのを助けてくれたらしい。出発の朝、王子さまは星をきれいに整えた。活火山を注意深く掃除した。活火山は二つあって、朝ごはんの支度に重宝したものだった。休火山もあった。でも王子さまは、「わからないからね！」と言っては掃除をしていた。きれいに掃除できているかぎり、火山は静かに燃えて、問題を起こさなかった。

　新しく出てきたバオバブの若芽も抜いた。この星には二度と戻らないとわかっていたので、王子さまは悲しくなった。最後にもう一回だけ、ガラスのケースをバラにかぶせる準備をしたとき、王子さまは泣きたかった。

　「さよなら」王子さまは花に言った。

　花は答えなかった。

　「さよなら」もう一度、言ってみた。

　花は咳をした。寒いからではなかった。

"저는 바보였어요." 드디어 꽃이 말했다. "그런 짓을 하다니, 미안해요. 행복해야 해요."

어린 왕자님은 자기가 떠난다는 것에 꽃이 화내지 않는다는 것을 보고 놀랐다. 왕자님은 우두커니 서 있었다. 어찌 할 바를 몰랐다. 꽃이 왜 이렇게 순순히 상냥함을 보이는지 알 수 없었다.

"당신을 사랑해요." 꽃이 말했다. "하지만 당신은 몰랐던 거예요. 제가 했던 행동 탓에. 하지만 이제 상관없어요. 당신도 저도 마찬가지로 바보였으니까요. 부디 행복해지세요. 덮개는 걱정하지 말아요. 이제 필요 없으니까."

"하지만 차가운 밤 공기가……"

"저는 그렇게 약하지 않아요……. 신선한 밤 공기는 몸에 좋다고요. 저는 꽃이니까요."

"하지만 야생 동물이……"

"나비를 만나려면 애벌레 한두 마리쯤 참아야죠. 나비란 게 매우 아름답다는 얘길 들은 적이 있어요. 게다가 다른 누가 찾아오겠어요? 당신은 멀리 가버려요. 야생 동물 따위 무섭지 않아요. 가시가 있으니까요."

꽃은 천연덕스럽게 가시 네 개를 보여주었다. 그리고 말했다.
"그렇게 우두커니 서 있지 말아요. 가겠다고 결정했잖아요. 가세요."

왕자님에게 우는 모습을 보이고 싶지 않았던 것이다. 정말 도도한 꽃이었다…….

■우두커니 ぼさっと、ぼんやりと　■애벌레 幼虫　■천연덕스럽다 天然だ　■도도하다 高慢だ

「わたくし、ばかでしたわ」とうとう花が言った。「あんな仕打ちをしてごめんなさいね。幸せになってね」

　小さな王子さまは、自分が去ることで花が怒っていないのに驚いた。王子さまは立ち尽くした。どうしてよいか、わからなかった。花がどうしておっとりと優しいのか、わからなかった。

「あなたを愛しているわ」花は言った。「でもあなたは知らなかったのよね。わたくしの仕打ちのせいで。でももう、どうでもいいことよ。あなたもわたくしとおなじくらいばかだったのよ。幸せになってね。ケースのことは心配しないで。もういらないの」

「でも冷たい夜の空気が……」

「わたくし、そこまで弱くありませんわ……。新鮮な夜気は体にいいのよ。わたくしは花ですもの」

「でも野生の動物が……」

「蝶々に会いたければ、毛虫の一つや二つ、我慢しなければ。蝶々ってとても綺麗だって聞いたことがあるわ。それに、他にだれが訪ねてきてくれるっていうの？　あなたは遠くへ行ってしまう。野生動物なんて、恐くないわ。トゲがあるんですもの」

　花は無邪気に４つのトゲを見せた。そして言った。

「突っ立っていないでくださいな。行くと決めたんでしょう。お行きなさいよ」

　王子さまに、泣くところを見られたくなかったのだ。ほんとうにプライドの高い花だった……。

제 10 장

어린 왕자님은, 소행성 325, 326, 327, 328, 329, 330 가까이에 와 있었다. 하나씩 보면서 다니기로 했다. 별에 대해서 알고 싶기도 했고 뭔가 해야 할 일을 찾고도 싶었다.

첫 번째 소행성에는 왕이 살고 있었다. 왕은 멋진 자주색 로브를 입고 심플하지만 아름다운 왕좌에 앉아 있었다.

"오오, 신민이 왔구나!" 어린 왕자님을 보고 왕은 소리쳤다.

어린 왕자님은 마음속으로 생각했다.

"내가 어떤 사람인지 어떻게 알 수 있는 걸까? 지금까지 나를 본 적도 없으면서."

어린 왕자님은 왕이라는 존재에게 세계가 매우 단순 명쾌한 곳이라는 사실을 알지 못했던 것이다. 여하튼 모든 사람이 자기 신민이었으니까.

"좀더 잘 보이게 가까이 오너라." 왕은 말했다. 드디어 신민이 생겼다는 사실에 매우 우쭐해졌다.

어린 왕자님은 앉을 장소를 찾아봤다. 하지만 별 안은 왕의 로브만으로 가득 차서 그대로 서 있어야 했다. 피곤이 몰려와 하품이 나왔다.

■왕좌 王座　■신민 臣民　■명쾌하다 明快だ　■우쭐하다 得意げにする　■하품 あくび

第 10 章

　小さな王子さまは、小惑星325、326、327、328、329、330のそばに来ていた。一つずつ、見て回ろうと決めた。星のことを知りたかったし、何かすることを見つけたかったのだ。

　最初の小惑星には、王さまが住んでいた。王さまは素晴らしい紫のローブを着て、シンプルで、でも美しい王座にすわっていた。

　「ほほう、臣民が来たわい！」小さな王子さまを見て、王さまは叫んだ。

　小さな王子さまは心の中で思った。

　「ぼくが何者だって、どうしてわかるんだろう？　今までぼくを見たこともなかったのに」

　小さな王子さまは、王さまというものにとって、世界は非常に単純明快なところだと知らなかったのだ。なにしろ人間はみんな自分の臣民なのだから。

　「もっとよく見えるように近寄ってまいれ」王さまは言った。ついに臣民ができたので、とても誇らしかったのだ。

　小さな王子さまはすわる場所を探した。でも星中が王さまのローブで一杯だったので、立ったままでいた。疲れていたので、あくびが出た。

왕이 말했다.

"왕 앞에서 하품하는 것을 허하지 않았다. 하품을 멈추도록 명한다."

"저도 모르게 나와버렸어요." 어린 왕자님은 죄송하다고 생각하면서 대답했다. "긴 여행을 하는 중이라 잠을 자지 못했습니다……"

"그렇다면" 왕이 말했다. "하품을 하도록 명한다. 하품하는 것을 몇 년이나 못 봤으니까. 하품은 재미있군. 자! 다시 한 번, 하품을 하라. 이것은 명령이다."

"그렇게 하면 주눅이 들어서…… 더는 하품이 나오지 않아요." 얼굴을 붉히며 어린 왕자님은 말했다.

"에헴! 에헴!" 왕은 말했다. "그렇다면……, 그래 가끔씩 하품을 하도록 명한다. 그리고 또한 가끔씩……"

■주눅이 들다 気後れする　■명하다 命じる

王さまは言った。

「王さまの前であくびをするのは許されておらん。あくびをやめるように命令するぞ」

「つい、出てしまったんです」小さな王子さまは、申し訳なく思いながら答えた。「長い旅をして来て、寝ていないんです……」

「それならば」王さまは言った。「あくびをするよう命ずるぞ。あくびをするところを何年も見ていないからな。あくびは面白い。そら！　もう一度、あくびをせい。これは命令だぞ」

「それでは決まりがわるくて……。もうあくびはできません」赤くなりながら、小さな王子さまは言った。

「ふむ！　ふむ！」王さまは言った。「では……、では時々あくびをするように命令するぞ。そしてまた時々は……」

왕은 하던 말을 멈춰버렸다. 불쾌해 보였다.

왕은 자신이 완전한 권력을 가졌다고 항상 실감할 수 있기를 기대했다. 그것이 가장 큰 소망이었다. 왕의 지배는 완전하고 의심할 여지가 없는 것이어야 한다. 그러나 왕은 대단히 현명했으므로 그의 명령은 언제나 이치에 맞는 것이었다.

"만일 짐이 장군에게 날아다니는 새로 변신하라고 명령했는데 장군이 그것을 따르지 않았다면 그건 장군이 잘못한 게 아니다. 짐의 잘못이다."

"앉아도 되겠습니까?" 어린 왕자님은 물었다.

"앉도록 명한다." 왕은 대답했고 조심스럽게 자줏빛 로브를 비켜주었다.

어린 왕자님은 깜짝 놀랐다. 이렇게나 작은 별에서 왕은 무엇을 다스리는 것일까.

"폐하" 어린 왕자님은 말했다. "이런 질문을 하는 걸 용서해주시기를……"

"묻도록 명한다." 왕은 서둘러 말했다.

"폐하……, 폐하는 도대체 무엇을 다스리고 계신지요?"

"모든 것이다." 왕은 대답했다.

"모든 것?"

왕은 손을 저으며 자신의 행성, 다른 행성, 그리고 모든 별들을 가리켰다.

"이것을 전부?"

"이것을 전부 다……" 왕은 대답했다.

■소망 願望 ■이치에 맞다 理にかなう ■짐 朕(王が自分を指していう呼称) ■폐하 陛下

　王さまはしゃべるのをやめてしまった。不機嫌そうだった。

　王さまは、完全な権力を持っているといつも実感できることを期待した。それが1番の望みだった。王さまの支配は完全で、疑問の余地がないものだった。でも、王さまはとても賢明だったので、出す命令はいつも筋の通ったものだった。

　「もしわしが将軍に鳥に姿を変えよと命令したとして、将軍が従わなかったら、それは将軍がわるいのではない。わしがわるいのだ」

　「すわってもいいでしょうか」小さな王子さまはたずねた。

　「すわるよう、命令するぞ」王さまは答え、気をつけながら紫のローブをずらした。

　でも小さな王子さまはびっくりした。この星は本当に小さかったのだ。王さまは何を治めているのだろう。

　「陛下」小さな王子さまは言った。「こんなことをおたずねするのをお許しください……」

　「たずねるよう、命令するぞ」王さまは急いで言った。

　「陛下……、陛下はいったい何を治めていらっしゃるのですか」

　「すべてだ」王さまは答えた。

　「すべて？」

　王さまは手を振って、自分の惑星、他の惑星、それからすべての星々を指した。

　「これをぜんぶ？」

　「これをぜんぶだ……」王さまは答えた。

왕의 지배라는 것은 완전할 뿐만 아니라 모든 것에 미치는 것이었으므로.

"별들도 왕의 명령에 따릅니까?"

"물론이다." 왕은 말했다. "별들은 짐이 하는 말을 완벽하게 듣는다. 불복종 따위 용서하지 않는다."

너무나도 강력한 권력에, 어린 왕자님은 충격을 받았다. 만일 그런 권력이 자신에게 있었다면 일몰을 하루에 마흔네 번만이 아니라 일흔두 번, 100번, 아니, 200번이라도, 의자도 옮기지 않고 볼 수가 있었을 것이다. 어린 왕자님은 남기고 온 자신의 작은 별에 대해서 생각하니 어딘지 슬퍼졌다. 그리고 왕에게 부탁하기로 했다.

"일몰을 보고 싶습니다…… 소원을 들어주시겠습니까? 해를 지게 해주세요……"

"만일 짐이 장군에게 나비처럼 꽃에서 꽃으로 날아다니라고 명령했는데, 장군이 그 말에 따르지 않았다면 그것은 누구의 잘못이냐 — 장군인가, 짐인가?"

"왕의 잘못이 됩니다." 어린 왕자님은 단호히 대답했다.

"그대의 말대로다. 왕으로서 짐은 신민 한 사람 한 사람이 할 수 있는 일을 명령해야 한다." 왕은 말했다. "짐의 권력은 짐의 이성이 가져다준 하사품이다. 짐이 신민에게 바다에 뛰어들라고 명령한다면 그들은 반란을 일으킬 것이다. 짐이 이치에 맞는 명령을 하기 때문에 왕으로서 통치할 권리를 얻게 되는 것이다."

■불복종 不服従　■단호하다 断固たる　■하사품 下賜品、賜りもの　■반란 反乱　■통치하다 統治する

王さまの支配というのは、完全なだけでなく、すべてのものに及ぶのだったから。

「星たちも王さまの命令に従うのですか」

「もちろんだ」王さまは言った。「星たちはわしの言うことを完ぺきに聞くぞ。従わないなどと、許さん」

あまりにも強大な権力に、小さな王子さまはショックを受けた。もしそんな権力が自分にあったら、日の入りを、1日に44回だけでなく、72回、100回、いや200回でも、椅子も動かさずに見ることができただろう。小さな王子さまは、あとに残してきた自分の小さな星のことを考えてなんだか悲しくなった。そして王さまにお願いをすることにした。

「日の入りが見たいのです……。かなえてくださいますか？ 日の入りを起こしてください……」

「もしわしが将軍に、蝶のように花から花へと飛び回るよう命令したとして、将軍が従わなかったら、それはだれがわるいのじゃ──将軍か、わしか？」

「王さまがわるいことになります」小さな王子さまはきっぱりと答えた。

「そのとおりじゃ。王さまとして、わしは臣民一人ひとりができることを命令せねばならん」王さまは言った。「わしの権力はわしの理性の賜物じゃ。わしが臣民に海に飛び込むよう命令したら、やつらは反乱を起こすであろう。わしは筋の通った命令をするから、王さまとして治める権利があるのだぞ」

"일몰은 어떻게 되는 건가요?" 어린 왕자님은 물었다. 왕자님은 한 번 묻기 시작한 질문은 절대로 잊지 않는다.

"일몰은 보여주겠다. 짐이 명한다. 그러나 적당한 시간까지 기다리도록 하자."

"적당한 시간이란 언제입니까?" 어린 왕자님은 물었다.

"에~헴! 에~헴!" 왕은 대답했다. 커다란 달력을 보고 "에~헴! 에~헴! 그건 대체로…… 대체로……, 그건 말이다, 오늘밤 7 시 40 분 쯤일 거다! 짐의 명령이 얼마나 확실히 실행되는지 보도록 하라."

어린 왕자님은 하품을 했다. 일몰이 보고 싶었지만 지루했다.

"여기에서는 다른 할 일이 없어요." 어린 왕자님은 왕에게 말했다. "이제 그냥 가겠습니다!"

"가서는 안 된다." 왕은 대답했다. 신민이 있다는 사실에 의기양양한 마음을 주체할 수가 없었다. "가서는 안 된다 ─ 너를 대신으로 삼겠다!"

"무슨 대신입니까?"

"그……, 사법대신이다!"

"하지만 여기에서는 재판할 상대가 없지 않습니까!"

"그건 모르는 일이다." 왕은 말했다. "짐도 아직 왕국을 모두 본 것은 아니다. 짐은 고령인 데다 여행할 수단이 없고, 걸으면 피곤해지니 말이다."

"아아! 하지만 저는 벌써 봤어요." 어린 왕자님은 말했다. 행성 뒤쪽을 슬쩍 봤다. "저쪽에도 아무도 살지 않아요."

■지루하다 退屈だ　■의기양양 意気揚々　■고령 高齢

「日の入りはどうなるのでしょうか？」小さな王子さまはたずねた。一度聞いた質問は絶対に忘れないのだ。

「日の入りは見せてやろう。わしが命令する。しかし、ちょうどよい時間まで待つとしよう」

「ちょうどよい時間とはいつですか」小さな王子さまは聞いた。

「えへん！ えへん！」王さまは答えた。大きなカレンダーを見て、「えへん！ えへん！ それはだいたい……だいたい……、それはだな、今晩の7時40分ごろであろう！ わしの命令がどれだけきちんと実行されているか、見るがよいぞ」

小さな王子さまはあくびをした。日の入りが見たかった。それに、退屈だった。

「ここでは、他にすることもありません」小さな王子さまは王さまに言った。「もう行くことにします！」

「行ってはならん」王さまは答えた。臣民がいるのが得意でならなかったのだ。「行ってはならん──お前を大臣にしよう！」

「何の大臣ですか？」

「その……、司法大臣じゃ！」

「でもここには、裁く相手がいないじゃありませんか！」

「それはわからんぞ」王さまは言った。「わしも王国すべてをまだ見ておらん。わしは高齢で、旅行の手段がないし、歩くと疲れるのでな」

「ああ！ でもぼくはもう見ました」小さな王子さまは言った。惑星の裏側をのぞいてみた。「あちら側にも、だれも住んでいませんよ」

제10장

"그럼 자기 자신을 재판하면 된다." 왕은 말했다. "그게 가장 어려운 일이다. 자기 자신을 재판하는 게 다른 사람을 재판하는 것보다 훨씬 어려운 일이란 말이다. 자기 자신을 재판할 수 있다면 그건 매우 현명한 일일 거다."

"자기 자신은 어디에서나 재판할 수 있어요." 어린 왕자님은 말했다. "여기에 살지 않아도 할 수 있는 일이라고요."

"에~헴! 에~헴!" 왕이 말했다. "짐의 행성 어딘가에 늙은 쥐가 살고 있을 것이다. 밤이 되면 들려오니 말이다. 그 늙은 쥐를 재판에 세우는 거다. 때때로 사형을 선고하면 된다. 그런데 그때마다 살려놓아야 한다. 헛된 일을 벌여선 안 된다. 녀석 한 마리밖에 없으니까 말이다."

"누군가에게 사형을 내린다니, 싫습니다." 어린 왕자님은 말했다. "저는 이제 가야겠어요."

"안 된다." 왕은 말했다.

어린 왕자님은 늙은 왕을 화나게 하고 싶지 않았다.

"폐하, 한 가지 이치에 맞는 명령을 내리시는 것이 어떨까요. 예를 들어 1분 이내로 여기를 떠나라는 명령을요. 딱 좋은 시간이라고 생각됩니다만……"

왕은 대답하지 않았다. 어린 왕자님은 조금 더 기다리다가 한숨을 쉬면서 왕의 행성을 떠났다.

"너를 대사로 임명한다." 왕은 급하게 소리쳤다.

권력자 같은 어투였다.

"어른이란 꽤 이상하단 말이야." 그 별을 떠나오면서 어린 왕자님은 생각했다.

■사형 死刑　■헛된 일 無駄なこと　■한숨을 쉬다 ため息をつく　■임명하다 任命する　■권력자 權力者

「それでは、自分を裁くのじゃ」王さまは言った。「これが一番難しい。自分を裁くのは他人を裁くよりずっと難しいのじゃぞ。自分を裁くことができれば、それは非常に賢いやつじゃ」

「自分を裁くのは、どこにいてもできます」小さな王子さまは言った。「ここに住んでいなくてもできることです」

「えへん！ えへん！」王さまが言った。「わしの惑星のどこかに、年寄りのネズミが住んでおるはずじゃ。夜になったら聞こえるからな。この年寄りネズミを裁判にかけるのじゃ。時々、死刑を宣告するがよい。だがその度に、生かしておくのじゃぞ。無駄をしてはいかん。やつ1匹しかいないのじゃからな」

「だれかを死刑にするなんて、嫌です」小さな王子さまは言った。「ぼく、もう行かなきゃ」

「だめじゃ」王さまは言った。

小さな王子さまは、年老いた王さまを怒らせたくなかった。

「陛下、一つ、筋の通った命令をくださるのはいかがでしょう。たとえば、1分以内にここを去るという命令を。ちょうどよい時間だと思いますが……」

王さまは答えなかった。小さな王子さまはもう少し待ってみて、ため息をつきながら、王さまの惑星を去った。

「お前を大使に任命するぞ」王さまは急いで叫んだ。

権力者のような口ぶりだった。

「おとなって、かなり変わってるんだなあ」去りながら、小さな王子さまは思った。

🎧 제 11 장

두 번째 행성에는 매우 자만한 남자가 살고 있었다.

"하하, 팬이 왔구나!" 어린 왕자님을 발견하자마자 그는 외쳤다.

자만한 자에게는 누구나 팬으로 보이는 것이다.

"안녕" 어린 왕자님은 말했다. "희한한 모자를 쓰고 있네."

"이 모자는 인사용이란다." 자만한 자는 말했다. "사람들이 나에게 격찬을 보낼 때 이 모자를 살짝 들어올리는 거지. 안타깝게도 이렇게까지 해주는 사람이 없었지만."

"정말로?" 어린 왕자님은 말했다. 무슨 말인지 전혀 이해할 수가 없었다.

"손뼉을 쳐보렴." 자만한 자는 말했다.

어린 왕자님은 손뼉을 쳤다. 자만한 자는 한 손으로 모자를 들어올리며 인사했다.

"여기가 왕이 있는 곳보다 재미있을 것 같아." 어린 왕자님은 마음속으로 생각했다. 그리고 더욱 박수를 쳤다. 자만한 자는 다시 모자를 들어올려 인사를 했다.

5분 정도 계속해서 손뼉을 쳤더니 어린 왕자님은 지겨워졌다.

■자만하다 うぬぼれる　■손뼉을 치다 手をたたく　■지겹다 うんざりだ

第11章

2つ目の惑星には、とてもうぬぼれの強い男が住んでいた。

「ははあ、ファンが来たぞ！」小さな王子さまを見かけたとたん、彼は叫んだ。

うぬぼれ屋には、だれもがファンに見えるのだ。

「おはよう」小さな王子さまは言った。「変わった帽子をかぶってるね」

「この帽子はご挨拶用なのさ」うぬぼれ屋は言った。「人が誉めそやしてくれるときに、この帽子をちょいと持ち上げるのさ。不幸なことに、ここまでやってくる人はいないがね」

「ほんとう？」小さな王子さまは言った。わけがわからなかったのだ。

「手をたたいてごらん」うぬぼれ屋は言った。

小さな王子さまは手をたたいた。うぬぼれ屋は帽子を片手で持ち上げて、挨拶した。

「こっちのほうが、王さまのところより面白そうだぞ」小さな王子さまは心の中で思った。そして、さらに拍手をした。うぬぼれ屋はまた、帽子を持ち上げて挨拶した。

5分ほど手をたたき続けたら、小さな王子さまは飽きてしまった。

"어째서 모자를 들어올리며 인사를 하지?" 어린 왕자님은 물었다.

하지만 자만한 자에게 어린 왕자님의 목소리는 들리지 않았다. 자만한 자에게는 칭찬밖에 귀에 들려오는 것이 없는 것이다.

"너는 정말로 나를 칭찬하고 있니?" 그는 어린 왕자님에게 물었다.

"'칭찬한다'는 게 뭔데?" 어린 왕자님은 말했다.

"칭찬한다는 것은, 이 행성에서 가장 멋지고, 훌륭한 옷을 입고 있고, 가장 부자며, 가장 머리가 좋은 사람을 나라고 생각한다는 거지."

"하지만 이 행성에는 당신밖에 없잖아!"

"무슨 상관이야, 나를 칭찬해달라고!"

"당신을 칭찬해!" 영문도 모른 채 어린 왕자님은 말했다. "하지만 그게 왜 그렇게 중요하지?"

그리고 어린 왕자님은 그 행성을 떠났다.

"어른이란, 정말 너무너무 이상하단 말이야." 여행을 계속하며 어린 왕자님은 마음속으로 말했다.

 # 제 12 장

다음 행성에는 술꾼이 살고 있었다. 어린 왕자님은 이 행성에는 잠깐 동안밖에 있지 않았지만 너무나 우울해졌다.

■칭찬 称賛、ほめ言葉　■영문을 모르다 わけがわからない　■술꾼 酒飲み、のんべえ

「どうして帽子を持ち上げて挨拶するの？」小さな王子さまはたずねた。

けれど、うぬぼれ屋には小さな王子さまの声が聞こえなかった。うぬぼれ屋というのは、称賛以外は耳に入らないのだ。

「きみは、本当におれを称賛してる？」彼は小さな王子さまにたずねた。

「『称賛する』って、どういうこと？」小さな王子さまは言った。

「称賛するっていうのは、おれのことをこの惑星で一番かっこよくて、一番素敵な服を着ていて、一番お金持ちで、一番頭がいいと思うってことさ」

「だけど、この惑星にはきみしかいないじゃないか！」

「どうでもいいから、おれを称賛しておくれよ！」

「きみを称賛するよ」わけがわからないまま小さな王子さまは言った。「だけど、それがどうしてそんなに大事なの？」

そして、小さな王子さまはその惑星を去った。

「おとなって、本当にものすごく変わってるんだな」旅を続けながら、小さな王子さまは心の中で言った。

第１２章

次の惑星には、のんべえが住んでいた。小さな王子さまはこの惑星には少しの間しかいなかったが、ものすごく悲しくなった。

"여기에서 뭘 하는 거야?" 어린 왕자님은 술꾼에게 물었다. 술꾼 앞에는 병이 잔뜩 놓여 있었다. 빈 병이 있는가 하면 가득 차 있는 것도 있었다.

"마시고 있잖아." 술꾼은 얼빠진 목소리로 대답했다.

"왜 마시는 건데?" 어린 왕자님은 물었다.

"잊기 위해서지." 술꾼은 대답했다.

"무엇을 잊는데?" 벌써 딱한 생각이 들기 시작한 어린 왕자님은 물었다.

"이 불쾌한 기분을 잊어버리기 위해서지." 의자에 더욱 깊숙이 앉으며 술꾼은 대답했다.

"왜 불쾌해지는데?" 어린 왕자님은 물었다. 술꾼을 돕고 싶었다.

"술을 마시니까!" 술꾼은 대답했다. 그리고 더는 아무 말도 하지 않았다.

어린 왕자님은 그 별을 뒤로 했다. 거기에서 본 게 무슨 의미인지 이해할 수 없었다.

"어른이란, 정말로, 너무 너무나 이상해." 그는 중얼거렸다.

■얼빠지다 気が抜ける　■딱하다 気の毒だ　■중얼거리다 つぶやく

96

「ここで何をしているの？」小さな王子さまはのんべえにたずねた。のんべえの前にはたくさんの瓶があった。空のものもあれば、いっぱいのものもある。

「飲んでるんだよ」のんべえは、うつろな声で答えた。

「どうして飲むの？」小さな王子さまはたずねた。

「忘れるためさ」のんべえは答えた。

「何を忘れるの？」もう気の毒になりながら、小さな王子さまはたずねた。

「この嫌な気持ちを忘れるためさ」椅子にますます沈みこみながら、のんべえは答えた。

「どうして嫌な気持ちになるの？」小さな王子さまはたずねた。のんべえを助けたかったのだ。

「飲むからだよ！」のんべえは答えた。そしてもう、何も言わなかった。

小さな王子さまはその星をあとにした。そこで目にしたことの意味がわからなかった。

「おとなって、本当に、とてもとても変わってるなあ」彼はつぶやいた。

覚えておきたい韓国語表現

활화산을 조심스럽게 청소했다. (p.76, 2−3行目)
活火山を注意深く掃除した。

【解説】「−스럽다」(〜そうだ)は、名詞に付いて、前の名詞のような性質がある、すなわちその感じや要素があることを表し、名詞を形容詞化するときに使います。

【例文】

요새 와서는 짐스러워 후회될 때가 있다는 것이었다. / 손창섭『비 오는 날』
このごろは重荷になって後悔するときがあるということだった。/ ソン・チャンソプ『雨の降る日』

거지가 더 자유스러워요. / 나도향『젊은이의 시절』
乞食の方が自由です。/ ナ・ドヒャン『若者の時節』

순이의 마음은 점점 불안스러워 왔다. / 정비석『성황당』
スニの心はだんだん不安になってきた。/ チョン・ビソク『城隍堂』

아침밥을 준비하는 데 매우 요긴하게 쓰였다. (p.76, 3−4行目)
朝ごはんの支度に重宝したものだった。

【解説】「−는 데」(〜するのに)は後続節であることを説明したり提案・命令したりするために、その対象と関係のある状況をあらかじめ前提として言うときに使います。

【例文】

당시의 복식 제도를 살피는 데 매우 중요한 자료가 된다. / 윤후명『돈황의 사랑』
当時の服飾制度を調べるのに非常に重要な資料となる。/ ユン・フミョン『敦煌の恋』

그게 술 깨는 데는 최고야. / 김원우『짐승의 시간』
それが酔いを覚ますには最高だ。/ キム・ウォヌ『獣の時間』

절차를 밟는 데 시일이 걸린다면 귀국 연기를 시킬 수도 있다. / 박영한『머나먼 쏭바강』
手続きに時間がかかる場合、帰国を延期させることもできる。/ パク・ヨンハン『遠いソンバ川』

제가 했던 행동 탓에 (p.78, 6–7行目)
わたくしの仕打ちのせいで

【解説】「－ㄴ/은/는 탓에」(～のせいで) は、否定的な結果になった理由や原因を言うときに使います。

【例文】

연일 숨어서 마신 맥주 탓에 재발해 버렸다. / 박영한 『머나먼 쏭바강』

連日隠れて飲んだビールのせいで再発してしまった。/ パク・ヨンハン『遠いソンバ川』

영어란 우리말하고 달라서 어순이 바뀐다는 사실을 내가 미처 자습하지 못한 탓이었다. / 윤후명 『모든 별들은 음악 소리를 낸다』

英語とは韓国語と違って語順が変わるという事実を私がまだ自習できなかったためだった。/ ユン・フミョン『すべての星は音楽の音を出す』

많은 돈에 익숙지 못했던 탓인지도 모른다. / 방영웅 『분례기』

大金に慣れていなかったせいかもしれない。/ パン・ヨンウン『糞禮記』

왕의 지배라는 것은 완전할 뿐만 아니라 (p.86, 1行目)
王さまの支配というのは、完全なだけでなく

【解説】「－ㄹ/을 뿐만 아니라」(～だけではなく) は、先行節の内容だけでなく後続節の内容まで含まれているという意味を表します。「만」が省略される場合もあります。

【例文】

그것은 합법적일 뿐만 아니라 또한 자국을 위한 현실적 이익도 될 터이었다. / 조해일 『아메리카』

それは合法的であるだけでなく、自国のための現実的な利益にもなるはずだった。/ チョ・ヘイル『アメリカ』

집을 한 채 더 샀을 뿐만 아니라 말죽거리에는 땅도 많이 가지고 있다는 것이다. / 김성동 『만다라』

家をもう一軒買っただけでなく、マルチュク通りには土地もたくさん持っているということだ。/ キム・ソンドン『曼荼羅』

복잡미묘할 뿐만 아니라 섬세하기까지 한 도시 여자들의 상투적인 한 표정 / 김원우 『짐승의 시간』

複雑で微妙なだけでなく繊細な都市の女性たちの典型的な表情 / キム・ウォヌ『獣の時間』

적당한 시간까지 기다리도록 하자. (p.88, 3 – 4行目)
ちょうどよい時間まで待つとしよう。

【解説】「−도록 하다」(～するようにする) は、ある行動を命令するとき、または勧めるときに使います。

【例文】

담당선생님의 이야기를 들어 결정해 보도록 합시다. / 조선작 『미술대회』

担当の先生の話を聞いて決めてみましょう。/ チョ・ソンジャク『美術大会』

그 문제는 다음에 생각해 보도록 하고, 그럼 아이라도 데려다 주시오. / 윤정모 『가자, 우리의 둥지로』

その問題は今度考えてみるようにして、では子どもでも送ってください。/ ユン・ジョンモ『行こう、私たちの巣へ』

밤이 너무 늦었으니까 그만 내려가도록 하지. / 윤흥길 『비늘』

夜遅くなったからもう降りるのはやめよう。/ ユン・フンギル『うろこ』

그런데 그때마다 살려놓아야 한다. (p.90, 9行目)
だがその度に、生かしておくのじゃぞ。

【解説】「−아/어 놓다」(～しておく) は、ある行動をした後にその状態を維持するとき、またはすでに行われた状態をそのまま維持しようとするときに使います。

【例文】

사진첩을 꺼내 놓고 둘러앉았다. / 심훈 『상록수』

アルバムを取り出して囲んで座った。/ シム・フン『常緑樹』

자기의 성공담만 길게길게 늘어 놓았다. / 유진오 『오월의 구직자』

自分の成功談だけを長く長く並べておいた。/ ユ・ジノ『五月の求職者』

구멍을 뚫어 놓았다. / 한설야 『탑』
穴を開けておいた。 / ハン・ソリャ『塔』

늙은 왕을 화나게 하고 싶지 않았다. (p.90, 下から10行目)
年老いた王さまを怒らせたくなかった。

【解説】「-고 싶다」(〜したい)は、話し手の望みや願いを表すときに使います。自分の望みではなく他人の望みを言うときには、後ろに「-어 하다」を付けて「-고 싶어 하다」(〜したがる)を使います。

【例文】

아내의 고통을 나누고 싶었다. / 최서해 『큰물 진 뒤』
妻の苦痛を分かち合いたかった。 / チェ・ソヘ『洪水の後』

주문을 거절하고 싶었으나 그에게 그럴 용기가 없었다. / 박영희 『철야』
注文を断りたかったが、彼にそんな勇気がなかった。 / パク・ヨンヒ『徹夜』

고국에 돌아가고 싶은 생각도 없었다. / 전영택 『운명』
故国に帰りたい気持ちもなかった。 / チョン・ヨンテク『運命』

어린 왕자님을 발견하자마자 그는 외쳤다. (p.92, 2行目)
小さな王子さまを見かけたとたん、彼は叫んだ。

【解説】「-자마자」(〜やいなや)は、ある行動や事態が終わってすぐにその後の行動が起きるときに使います。

【例文】

졸업하자마자 큰 회사에 취직이 되었다. / 박화성 『샌님 마님』
卒業するやいなや大きな会社に就職した。 / パク・ファソン『センニムの奥様』

찬구가 문을 열자마자 마주친 것은 정말 S의 술취한 얼굴이었다. / 유진오 『오월의 구직자』

チャングがドアを開けるやいなや会ったのは、本当にSの酔った顔だった。/ ユ・ジノ『五月の求職者』

골목에 들어가자마자 길에서 그를 만났다. / 조명희 『땅 속으로』

路地に入るやいなや道で彼に会った。/ チョ・ミョンヒ『地中へ』

5분 정도 계속해서 손뼉을 쳤더니 어린 왕자님은 지겨워졌다.
（p.92, 最終行）

5分ほど手をたたき続けたら、小さな王子さまは飽きてしまった。

【解説】「-더니」（～したら）は、過去にある対象を観察したり経験したりしたことが原因になって、その後の変化が結果として表れるときに使います。「-더니만」を使う場合もあります。過去に自分が行動したり話したことを回想して、その結果を表すときは、前に過去形を付けて「-ㅆ/았/었더니」を使います。

【例文】

나를 보더니 그는 헤벌쭉 웃으며 한 눈을 찡긋해 보였다. / 윤흥길 『장마』

私を見て、彼はにっこりと笑いながら目を丸くした。/ ユン・フンギル『長雨』

약속한 다방에 갔더니 친구의 딸은 벌써 와 앉아 있다. / 전영택 『금붕어』

約束した喫茶店に行ったら、友人の娘はもう来て座っている。/ チョン・ヨンテク『金魚』

동쪽 하늘이 붉어지더니 이윽고 달이 뜨기 시작하였다. / 한설야 『탑』

東の空が赤くなってやがて月が昇り始めた。/ ハン・ソリャ『塔』

제 4 부
第 4 部

---　✳　---

제 13 장 – 제 16 장
第 13 章 – 第 16 章

제 13 장

네 번째 행성에는 사업가가 살고 있었다. 이 남자는 너무 바빴기 때문에 어린 왕자님이 온 것조차 신경 쓰지 않았다.

"안녕하세요." 어린 왕자님은 말했다. "담뱃불이 꺼졌어요."

"3 더하기 2 는 5. 5 더하기 7 은 12. 12 더하기 3 은 15. 안녕. 15 더하기 7 은 22. 22 더하기 6 은 28. 불을 다시 붙일 시간이 없단다. 26 더하기 5 는 31. 휴우! 이것으로 5 억 162 만 2,731 이다."

"5 억이란 게 뭔데?" 어린 왕자님은 다시 물었다.

"뭐라고? 아직 있었니? 5 억 100 만의…… 생각이 안 나…… 해야 할 일이 산더미 같다고! 나는 중요한 인물이거든 — 멍청한 놀이 상대나 할 여유가 없다고! 2 더하기 5 는 7……"

"5 억 100 만의, 뭐가 있는데?" 한 번 묻기 시작하면 절대로 포기하지 않는 어린 왕자님은 물었다.

사업가는 얼굴을 들었다. 그리고 말했다.

■신경 쓰다 気にする　■(일이) 산더미 같다 (事が)山のようにある

第13章

　4つ目の惑星には、実業家が住んでいた。この男はあまりにも忙しかったので、小さな王子さまが着いたのも目に入らなかった。

　「こんにちは」小さな王子さまは言った。「タバコの火が消えてますよ」

　「3足す2は5。5足す7は12。12足す3は15。こんにちは。15足す7は22。22足す6は28。火をつけ直す時間がないんだ。26足す5は31。ふう！　これで5億162万2731だ」

　「5億って何が？」小さな王子さまはたずねた。

　「なんだって？　まだいたのか？　5億100万の……思い出せん……しなけりゃならないことが一杯あるんだ！　おれは重要人物なんだぞ——ばかなお遊びに付き合っている暇はないんだ！　2足す5は7……」

　「5億100万の、何があるの？」小さな王子さまはたずねた。一度たずね出したら、絶対にやめないのだ。

　実業家は顔を上げた。そして言った。

"이 행성에서 54년 살았지만, 억지로 방해받은 건 세 번뿐이야. 한 번은 22년 전에, 어디에서 왔는지 모르겠지만 벌레가 날아들었을 때였어. 엄청 기분 나쁜 소리를 내서 계산을 네 개 틀렸다고. 두 번째는 11년 전이었는데 내가 병이 났었거든. 운동 부족이었다지. 허비할 시간이 없다고. 나는 중요한 인물이란 말이다. 세 번째는…… 지금이야! 아까 그다음은, 5억 100만……"

"뭐야, 100만인 게, 뭐가 있는 거야?"
사업가는 어린 왕자님이 질문을 멈출 생각이 없다는 사실을 눈치챘다.

"가끔씩 하늘에 보이는 몇 백만 개의 그거라고."
"파리를 말하는 거야?"
"아니, 아니야. 빛나는 작은 것들 말이야."
"꿀벌을 얘기하는 건가?"
"아니야. 작으면서 금빛을 띤 것, 게으름뱅이가 꿈꾸는 그거. 하지만 나는 중요한 인물이라고. 빈둥거리며 꿈이나 꿀 여유가 없다고!"
"아아, 별을 말하는 거야?" 어린 왕자님은 말했다.
"그래, 그거야. 별이야."
"5억 개나 되는 별을 어쩌려고?"
"5억 162만 2,731개의 별이라고. 나는 중요한 인물이라고. 신중하게 별을 더해가고 있지."
"그래서, 그 별을 어떻게 할 건데?"
"어떻게 하냐고?"
"그래."

■억지로 無理やり　■허비하다 浪費する　■눈치채다 気が付く　■빈둥거리다 ぶらぶらする、怠ける

「この惑星に54年住んでるが、無理やりストップさせられたのは三度だけ
だ。一度は22年前で、どこからか知らないが虫が落ちてきたときだ。とん
でもないひどい音がして、計算を4つ間違えたよ。二度目は11年前で、お
れが病気になったんだ。運動が足りないんでな。
無駄にする時間はないんだ。おれは重要
人物なんだぞ。三度目は……今だ！
さっきの続きは、5億100万……」

「何100万もの、何があるの？」
　実業家は、小さな王子さまが質問を
やめそうにないのに気が付いた。
「時々空に見える何百万のモノさ」
「ハエのこと？」
「違う、違う。光る小さなものだ」
「ミツバチかなあ？」
「違う。小さくて金色で、怠け者が夢を見るあれさ。だがおれは重要人物
なんだぞ。だらだらと夢を見ている暇はないんだ！」
「ああ、星のこと？」小さな王子さまは言った。
「そう、それだ。星だ」
「5億もの星をどうするの？」
「5億162万2731の星だ。おれは重要人物なんだぞ。慎重に星の足し算を
するんだ」
「それで、その星をどうするの？」
「どうするかって？」
「そう」

"아무 것도 하지 않아. 내 소유물이니까."

"별을 가지고 있어?"

"그래."

"하지만 내가 만난 왕이 벌써……"

"왕은 아무 것도 소유하지 않아. 다스릴 뿐이야. 대단히 큰 차이라고." 사업가는 말했다.

"별을 소유하는 게 왜 그렇게 중요하지?"

"부자가 될 수 있으니까."

"부자가 되는 게 왜 그렇게 중요하지?"

"부자가 되면 다른 별을 발견했을 때 더 많이 살 수 있으니까."

"이 남자는 술꾼이랑 비슷한 생각을 하네." 어린 왕자님은 생각했다. 그렇지만 다른 몇 가지 질문을 해봤다.

"별을 소유한다니, 어떻게 할 수 있는 건데?"

"다른 누가 소유하고 있다는 거지?" 사업가는 화를 내며 답했다.

"몰라. 아무도 아니라고."

"그럼, 내 꺼야. 처음으로 별을 소유하겠다고 생각한 게 나니까, 내 꺼야."

"그걸로 된다고?"

"물론 되고 말고. 누구 것도 아닌 다이아몬드를 발견했다면 그것은 발견한 녀석의 것이야. 누구 것도 아닌 섬을 발견했다면 그것은 발견한 녀석 것이 되는 거야. 무슨 아이디어를 처음 생각해냈다면 그 아이디어는 자기 것이 된다고. 별을 가진다는 생각을 아무도 해본 적이 없으니까 별은 내 것이 되는 거지."

■소유물 所有物 ■다스리다 治める

「どうもしやせんよ。おれの所有物なんだ」

「星を持ってるの？」

「そうだ」

「でもぼくの会った王さまがもう……」

「王さまは何も所有してないさ。治めるだけだ。大変な違いだぞ」実業家は言った。

「星を所有することがどうしてそんなに大事なの？」

「金持ちになれるからさ」

「金持ちになるのがどうしてそんなに大事なの？」

「金持ちなら、他の星が見つかったとき、もっと買えるからな」

「この男はのんべえと同じ考え方をしているな」小さな王子さまは思った。それでも、もういくつか質問をしてみた。

「星を所有するなんて、どうやってできるの？」

「ほかにだれが所有してるっていうんだ？」実業家は怒って答えた。

「わからないよ。だれでもないよ」

「だったら、おれのものだ。最初に星の所有を考えたのはおれなんだから、おれのものだ」

「それだけでいいの？」

「もちろんいいんだとも。だれのものでもないダイヤモンドを見つけたら、そいつは見つけたやつのものだ。だれのものでもない島を見つけたら、それは見つけたやつのものになるんだ。何かアイデアを最初に思いついたら、そのアイデアは自分のものになる。星を持つってことをだれも考えつかなかったから、星はおれのものなのさ」

"그건 일리가 있네." 어린 왕자님은 말했다. "그래서 별을 어떻게 할 건데?"

"숫자를 세고 또 세는 거야." 사업가는 말했다. "힘든 작업이지만 나는 중요한 인물이니까!"

하지만 어린 왕자님의 질문은 아직 끝나지 않았다.

"목도리가 내 것이라면 목에 두르고 가져 갈 수 있어. 꽃이라면 꺾어서 가져 갈 수 있는데 별은 가져 갈 수 없잖아!"

"무리야. 하지만 은행에 넣을 수는 있어." 사업가는 말했다.

"그게 무슨 뜻이야?"

"말하자면, 내가 가진 별의 숫자를 종이에 적는 거야. 그것을 안전한 곳에 넣어두고 열쇠로 잠가두면 돼."

"그게 다야?"

"그걸로 충분해!"

"이상해." 어린 왕자님은 생각했다. "재미있는 생각이지만, 그 의미를 모르겠어." 어린 왕자님은 중요한 일에 대해서는 조금 다르게 생각해본다. 그래서 어린 왕자님은 사업가에게 말했다.

"나는 꽃을 가지고 있지만 꽃에게 매일 물을 줘. 화산이 세 개 있지만 일주일에 한 번은 깨끗이 청소해. 나는 꽃이나 화산에게 도움을 주고 있어. 하지만 당신은 별에게 도움을 주지 않잖아."

사업가는 입을 열었으나 무슨 말을 해야 할지 아무 생각도 나지 않았다. 그래서 어린 왕자님은 떠났다.

"어른은 정말 너무 이상하단 말이야." 여행을 계속하면서 어린 왕자님은 생각했다.

■일리가 있다　一理ある　■입을 열다　口を開く

「それは理屈が通ってるなあ」小さな王子さまは言った。「それで、星をどうするの？」

「数えて、また数えるのさ」実業家は言った。「大変な仕事さ。でもおれは重要人物だからな！」

でも小さな王子さまは、まだ質問がすんでいなかった。

「襟巻きがぼくのものなら、首に巻きつけて持っていけるよ。花なら、つんで持っていける。でも星は持っていけないじゃないか！」

「無理さ、だが銀行に入れることができる」実業家は言った。

「それはどういうこと？」

「つまり、おれが持つ星の数を紙に書くんだ。それを安全なところにしまって、鍵をかけておくのさ」

「それだけ？」

「それで十分だ！」

「おかしいなあ」小さな王子さまは思った。「面白い考えだけど、意味が通らないよ」大切なことについては、小さな王子さまはもっと別の考え方をしていたのだ。小さな王子さまは実業家に言った。

「ぼくは花を持ってるけど、花には毎日水をやるよ。火山は三つあるけど、週に一度はきれいにする。ぼくは、花や火山にとって役に立ってるんだ。でもきみは星の役に立っていないじゃないか」

実業家は口を開いたが、何も思いつかなかった。それで、小さな王子さまは去った。

「おとなは本当にとても変わっているんだな」旅を続けながら、小さな王子さまは思った。

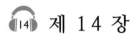 제 14 장

　다섯 번째 행성은 매우 이상했다. 지금까지 돌아본 행성 중에서 가장 작았다. 가로등과 그 가로등을 켜는 점등인만으로 꽉 찰 정도의 공간밖에 없었다. 어린 왕자님은 집도 다른 사람도 없는 행성에 왜 가로등이 있고 점등인이 있는지 알 수가 없었다. 하지만 마음속으로 생각했다.

　"점등인이 있다는 것은 멍청한 짓일지도 몰라. 하지만 이 점등인은 왕이나 자만한 자, 사업가나 술꾼보다는 나아. 적어도 이 사람이 하는 일은 의미가 있잖아. 그가 불을 켜면 별이나 꽃을 또 하나 만들어내는 셈인 거야. 불을 끌 때는 별이나 꽃을 잠재우는 것과 같은 거라고. 어딘지 깨끗한 일이잖아. 그리고 아름다우니까 도움이 될 수도 있을 거야."

　행성에 도착하고 나서 어린 왕자님은 점등인에게 인사를 했다.
　"안녕. 왜 가로등을 껐어?"
　"명령을 받았으니까." 점등인은 대답했다. "안녕."
　"명령이라니, 무슨?"
　"가로등을 끄는 것 말이야. 안녕." 그리고 점등인은 다시 가로등에 불을 붙였다.

■가로등 街灯　■점등인 点灯夫

第 14 章

　5つ目の惑星は、とても変わっていた。今までの中で一番小さい惑星だった。街灯と点灯夫がおさまるだけのスペースしかなかったのだ。小さな王子さまは、家も他の人もいない惑星に、なぜ街灯があり、点灯夫がいるのかわからなかった。でも心の中で思った。

　「点灯夫がいるのはばかげたことかもしれない。でもこの点灯夫は、王さまや、うぬぼれ屋や、実業家やのんべえよりはまだましだ。少なくとも、この人の仕事には意味があるもの。彼が火を灯したら、星か花をもう一つ、つくり出すことになるんだろう。火を消すときには、星か花を眠りにつかせるようなものなんだ。なんだかきれいな仕事だなあ。そして、きれいだから、役にも立っているんだ」

　惑星に着いてから、小さな王子さまは点灯夫に挨拶した。

　「こんにちは。どうして街灯を消したの？」

　「命令を受けているからさ」点灯夫は答えた。「おはよう」

　「命令って、どんな？」

　「街灯を消すことさ。こんばんは」そして点灯夫は、また街灯に火を点けた。

"그런데 왜 다시 불을 켰어?" 어린 왕자님은 다시 물었다.

"명령을 받았으니까." 점등인은 대답했다.

"모르겠어." 어린 왕자님은 말했다.

"알아야 할 일 따위 아무 것도 없어." 점등인은 대답했다. "명령은 명령이라고. 안녕." 그리고 가로등을 껐다.

그리고 나서 손수건으로 얼굴을 닦았다.

"이 일은 너무 고돼. 옛날에는 그래도 괜찮았어. 아침에 가로등을 끄고 밤에 켰어. 그 밖에 낮 시간에는 쉬고 그 밖에 밤 시간에는 잠잘 수도 있었으니까……"

"그 뒤로 명령이 바뀐 거야?"

"명령은 바뀌지 않았어." 점등인은 말했다. "그게 문제라고! 이 행성은 매년 조금씩 회전이 빨라지는데 명령은 바뀌지 않거든!"

"어떻게 된 거야?"

어린 왕자님이 물었다.

"지금은 1분에 한 번 회전하니까 쉴 여유가 없다고. 1분마다 가로등을 켰다 껐다를 계속해야 해!"

"너무 이상하잖아! 당신 행성의 하루는 겨우 1분이라고!"

■고되다 きつい、耐えがたい　■회전 回転　■겨우 たった

「でも、どうしてまた点けたの？」小さな王子さまはたずねた。

「命令を受けているからさ」点灯夫は答えた。

「わからないよ」小さな王子さまは言った。

「わからなきゃならないことなんて、何もないさ」点灯夫は答えた。「命令は命令だよ。おはよう」そして街灯を消した。

それからハンカチで顔をぬぐった。

「この仕事はひどいよ。昔はちゃんとしてたんだ。朝、街灯を消して、夜点ける。それ以外の昼の時間は休んで、それ以外の夜の時間は眠れたんだが……」

「それから命令が変わったの？」

「命令は変わっていないよ」点灯夫は言った。「それが問題なんだ！ この惑星は、毎年どんどん早く回転しているのに、命令は変わらないんだ！」

「どうなったの？」
小さな王子さまがたずねた。

「今じゃ1分に1度回転するから、休むひまがないんだ。毎分、街灯を点けたり消したりしているんだよ！」

「なんておかしいんだろう！ きみの惑星の1日はたった1分なんだね！」

"전혀 이상하지 않아." 점등인은 말했다. "우리는 벌써 한 달 동안 꼬박 얘기하고 있단 말이야!"

"한 달이나?"

"그래, 30 분! 30 일! 안녕." 그리고 가로등을 다시 켰다.

어린 왕자님은 이렇게 명령을 잘 따르는 점등인이 대단하다고 생각했다. 자기 행성의 일몰을 떠올리며 의자를 움직여 몇 번이나 그것을 보려 했던 게 생각났다. 어린 왕자님은 점등인을 돕고 싶어서 말했다.

"휴식이 필요할 때 쉴 수 있는 방법을 알고 있어……"

"휴식은 언제나 필요해." 점등인은 말했다.

명령을 따르면서도 동시에 쉴 수도 있다.

어린 왕자님은 계속해서 말했다.

"당신 행성은 작으니 세 걸음 만에 일주할 수 있어. 천천히 걸어도 언제나 한낮이야. 그러니까 쉬고 싶을 때는 걷는다면……, 원하는 만큼 낮이 계속될 거야."

"그건 그다지 도움이 되지 않는 걸." 점등인은 말했다. "정말로 하고 싶은 건 잠을 자는 거니까."

"그거 참 유감이야." 어린 왕자님은 말했다.

"그러게 말이야." 점등인은 동의했다. "안녕." 그리고 가로등을 껐다.

여행을 계속하면서 어린 왕자님은 생각했다.

"저 점등인은 내가 만난 사람 모두에게 멸시당할 것 같아 ― 왕에게도, 자만한 이에게도, 술꾼에게도, 사업가에게도……. 하지만 나한테는 저 사람만이 바보 같아 보이지 않아. 아마 자기 자신이 아닌 다른 것에 대해서 생각하고 있는 것이 저 사람뿐이기 때문일 거야."

■꼬박 まるっきり ■일주하다 一周する ■유감 遺憾だ、残念だ ■동의하다 同意する ■멸시 당하다 蔑視される

「ちっともおかしかないね」点灯夫は言った。「おれたち、もう丸ひと月も しゃべってるんだぜ」

「ひと月も？」

「そうさ、30分！ 30日！ こんばんは」そして街灯をまた点けた。

小さな王子さまは、命令にこんなに忠実な点灯夫をすごいと思った。自分 の惑星の入り日を思い出し、椅子を動かして何度も見ようとしたのを思い出 した。小さな王子さまは、点灯夫を助けたくなって言った。

「休みが必要なときに取れる方法を知ってるよ……」

「休みなら、いつも必要だね」点灯夫は言った。

命令に従いながら、同時にゆっくりすることも可能なのだ。

小さな王子さまは続けた。

「きみの惑星は小さいから、3歩で一周できる。ゆっくり歩いても、いつ も昼間だよ。だから、休みたいときには歩けば……、好きなだけ昼間が続く よ」

「それはあんまり役に立たないよ」点灯夫は言った。「本当にしたいのは、 寝ることなんだから」

「それはついてないね」小さな王子さまは言った。

「ついてないな」点灯夫は同意した。「おはよう」そして街灯を消した。

旅を続けながら、小さな王子さまは思った。

「あの点灯夫は、ぼくの出会った全員に見下されるだろう——王さまにも、 うぬぼれ屋にも、のんべえにも、実業家にも……。でもぼくには、ばかげて 見えないのはあの人だけだ。たぶん、自分以外のことを考えてるのはあの人 だけだからだろう」

어린 왕자님은 한숨을 쉬고 혼잣말을 했다.

"친구가 될 수 있는 사람은 저 사람뿐이었는데 저 별은 너무 작아. 두 사람이 있기에는 너무 좁아……"

어린 왕자님이 그 소행성에 조금 더 있고 싶었던 이유는 또 하나, 일몰이 24 시간에 1,440 번이나 있기 때문이었다!

 # 제 15 장

여섯 번째 행성은 점등인의 행성보다 열 배나 크고, 대단히 큰 책을 쓰는 할아버지가 살고 있었다.

"오호! 탐험가가 아닌가." 어린 왕자님을 보고 할아버지는 소리쳤다.

어린 왕자님은 할아버지의 책상 위에 앉았다. 피곤했다. 너무 멀리까지 여행을 해왔으니까!

"어디에서 왔느냐?" 할아버지가 물었다.

"이 큰 책은 뭐예요? 여기에서 뭐 하고 있는 거예요?" 어린 왕자님은 물었다.

■혼잣말 独り言　■탐험가 探検家

小さな王子さまはため息をついて、独り言を言った。

「友達になれそうなのはあの人だけだったのに。でも、あの星は小さすぎる。二人には狭すぎるんだ……」

小さな王子さまがその小惑星にもっといたかった理由はもう一つ、入り日が24時間に1440回もあるからだった！

第15章

6つ目の惑星は、点灯夫の惑星より10倍も大きくて、非常に大きな本を書くおじいさんが住んでいた。

「ほう！ 探検家じゃな」小さな王子さまを見て、おじいさんは叫んだ。

小さな王子さまはおじいさんの机の上にすわった。疲れていたのだ。とても遠くまで旅してきたのだから！

「どこから来たのじゃな？」おじいさんはたずねた。

「この大きい本はなんですか？ ここで何をしているんですか？」小さな王子さまがたずねた。

"나는 지리학자란다." 할아버지는 말했다.

"지리학자가 뭔데요?"

"바다, 강, 마을, 산, 사막이 어디에 있는지 모두 알고 있는 사람을 말한단다."

"그거 참 재미있네요." 어린 왕자님은 말했다. "이거야말로 일다운 일이야!" 그리고 지리학자의 행성을 둘러보았다. 이렇게 크고 아름다운 행성은 본 적이 없었다.

"굉장히 아름다운 행성이네요. 바다가 많아요?"

"모른단다." 지리학자는 대답했다.

"뭐?" (어린 왕자님은 실망했다) "산은 있어요?"

"모른다고." 지리학자는 대답했다.

"마을이나 강, 사막은?"

"그것도 몰라." 지리학자는 대답했다.

"하지만 당신은 지리학자잖아요!"

"맞아." 지리학자는 말했다. "그렇지만 나는 탐험가가 아니야. 이 별에는 탐험가가 없잖아. 마을이나 강, 산이나 바다, 사막을 찾는 건 지리학자의 일이 아니야. 그런 걸 하기에 지리학자는 너무 위대하단 말이지. 지리

■지리학자 地理学者　■위대하다 偉大だ

「わしは地理学者じゃ」おじいさんは言った。

「地理学者ってなんですか？」

「海、川、町、山、砂漠のある場所をぜんぶ知っている人のことじゃよ」

「それはとても面白いですね」小さな王子さまは言った。「これこそ、本物の仕事だ！」そして、地理学者の惑星を見回した。こんなに大きくて、美しい惑星は見たことがなかった。

「とても美しい惑星ですね。海はたくさんあるんですか？」

「知らんよ」地理学者は答えた。

「えっ」(小さな王子さまはがっかりした)　「山はあるんですか？」

「知らんね」地理学者は答えた。

「町や川や砂漠は？」

「それも、知らん」地理学者は答えた。

「でもあなたは地理学者でしょう！」

「その通り」地理学者は言った。「だが、わしは探検家ではない。この星には探検家はおらんのじゃ。町や川や山や海や砂漠を探すのは地理学者の仕事じゃない。そんなことをするには偉すぎるのでな。地理学者は絶対に机を離

학자는 절대로 책상을 떠날 수 없어. 그러나 탐험가와 이야기하며 그들이 봐온 것들을 적어두지. 그들의 이야기가 재미있다면 그 탐험가가 제대로 된 인간인지를 조사하면 되는 거지.”

“왜요?”

“탐험가가 거짓말쟁이라면 지리학 책에 엄청난 문제가 생긴단다. 술을 너무 마시는 탐험가도 마찬가지지.”

“어째서요?” 어린 왕자님은 물었다.

“술꾼에게는 세상 일이 이중으로 보이니까 말이야. 그렇게 되면 산이 하나밖에 없는 곳인데 두 개가 있다고 적게 돼.”

“나쁜 탐험가가 될 것 같은 사람을 알고 있어요.” 어린 왕자님은 말했다.

“있을 법한 이야기다. 탐험가가 제대로 된 녀석이라는 걸 알게 되면 그 녀석이 발견한 것을 연구하면 된단다.”

“그 발견을 보러 가요?”

“아니, 그건 힘들어. 하지만 탐험가는 자기가 발견한 게 사실이라는 것을 나에게 증명해야 하지. 큰 산을 발견했다면 큰 암석을 가져오게 하는 거란다.”

지리학자는 갑자기 흥분하여 외쳤다.

“너는 멀리에서 오지 않았느냐! 너는 탐험가다! 너의 행성에 대해서 이야기해줘!”

지리학자는 책을 펼치고 연필을 꺼냈다. 처음에는 반드시 연필을 사용한다. 탐험가가 자신의 발견을 증명할 때까지 기다렸다가 펜으로 적는다고 한다.

■거짓말쟁이 うそつき　■있을 법하다 ありそうだ　■증명하다 証明する　■흥분하다 興奮する

れん。だが探検家と話して、彼らの見てきたことを書き留める。そいつの話が面白ければ、その探検家がちゃんとした人間かどうかを調べるのじゃ」

「なぜですか？」
「探検家がうそつきだと、地理学の本にとんでもない問題が起こるからじゃ。飲みすぎる探検家も同じじゃ」
「どうしてですか？」小さな王子さまはたずねた。
「のんべえには物事が二重に見えるからじゃ。そうすると、山が一つしかないところに、二つ書き込んでしまうことになる」
「わるい探険家になりそうな人を知ってますよ」小さな王子さまは言った。
「ありうる話だ。探検家がちゃんとした奴だとわかったら、そいつの発見したことを研究するのじゃ」
「その発見を見に行くんですか？」
「いいや。それは難しい。だが探検家は、自分の発見が本物だということをわしに証明しなければならん。大きな山を見つけたのなら、大きな岩石を持って来させるのじゃ」
地理学者は急に、興奮して叫んだ。
「きみは遠くから来たんじゃないか！ きみは探検家だ！ きみの惑星について話してくれ！」
地理学者は本を開き、鉛筆を取り出した。最初は、かならず鉛筆を使うのだ。探険家が自分の発見を証明するまで待って、それからペンで書くのだ。

"자아, 어서!" 지리학자는 말했다.

"아아, 제가 사는 별은 별로 재미가 없어요." 어린 왕자님은 말했다. "아주 작아요. 화산이 세 개 있는데 두 개는 활화산이고 나머지 하나는 자고 있어요. 하지만 어떻게 될지 알 수 없어요."

"알 수 없는 일이지." 지리학자는 말했다.

"꽃도 있어요."

"나는 꽃에 대해서는 쓰지 않아." 지리학자는 말했다.

"어째서요? 그렇게 아름다운데!"

"꽃은 덧없으니까."

"'덧없다' 라는 게 무슨 뜻이에요?"

"지리학 책은 모든 책 가운데 가장 중요한 책이란다." 지리학자는 말했다. "고물이 될 일은 없거든. 산이 움직이거나 하는 것은 대단히 드문 일이니까 말이다. 바다가 마른다는 것도 아주 드물지. 지리학자는 절대로 변하지 않는 것만 써야 한단다."

"하지만 화산이 깨어나는 경우도 있어요." 어린 왕자님은 말했다. "'덧없다' 라는 게 무슨 뜻이에요?"

"화산이 쉬고 있든 활동을 하고 있든 지리학자와는 관계 없단다. 우리에게 중요한 것은 산이야. 산은 변하지 않거든."

"하지만 '덧없다' 란 게 무슨 뜻이에요?" 어린 왕자님은 졸라댔다. 한 번 묻기 시작한 질문은 절대로 포기하지 않는 왕자님이다.

"'길게 가지 않는 것' 을 일컫는단다."

"내 꽃이 길게 가지 않아요?"

"물론이지."

■덧없다 はかない　■고물 古物、古くて使えないもの　■조르다 せがむ、ねだる　■일컫다 称する

124

「さて？」地理学者は言った。

「ああ、ぼくの住んでいる星はあまり面白くありませんよ」小さな王子さまは言った。「とても小さいんです。火山が三つあります。二つは活火山で、もう一つは眠っています。でもわかりませんけどね」

「わからんぞ」地理学者は言った。

「花もあります」

「わしは花については書かん」地理学者は言った。

「どうしてですか？ あんなにきれいなのに！」

「花は、はかないからじゃ」

「『はかない』って、どういうことですか？」

「地理学の本は、全ての本の中で一番重要な本じゃ」地理学者は言った。「古くなるということがない。山が動いたりするのは非常にまれじゃからな。海が乾くのも非常にまれじゃ。地理学者は絶対に変わらないもののことしか書かないのじゃよ」

「でも休火山が目を覚ますこともありますよ」小さな王子さまは言った。「『はかない』ってどうことですか？」

「火山が休んでいようが活動していようが、地理学者には関係ない。我々にとって大事なのは山なのじゃ。山は不変じゃ」

「でも、『はかない』って何ですか？」小さな王子さまはせがんだ。一度たずね始めた質問は、絶対にやめないのだ。

「『長続きしないもの』のことじゃ」

「ぼくの花は長続きしないの？」

「そのとおり」

"내 꽃은 덧없는 것이었나." 어린 왕자님은 마음속으로 생각했다. "내 꽃은 세상의 온갖 위험으로부터 자신을 지키기 위해 가시를 네 개밖에 갖고 있지 않아! 그런데 나는 꽃을 홀로 남겨뒀어."

갑자기 어린 왕자님은 별을 떠나지 말았어야 했다고 후회했다. 하지만 스스로에게 용기를 불어넣었다..

"어떤 행성을 방문하는 게 좋을까요?" 어린 왕자님은 지리학자에게 물었다.

"지구란다." 지리학자는 대답했다. "훌륭한 행성이라고 해."

어린 왕자님은 출발했다. 꽃에 대해서 생각하면서.

 # 제 16 장

그렇게 해서 어린 왕자님이 방문한 일곱 번째 행성은 지구였다.

지구는 상당히 재미있는 곳이었다! 왕이 111 명, 지리학자가 7,000 명, 사업가가 90 만 명, 술꾼이 750 만 명, 자만한 자가 3 억 1,100 만 명 있었다. 전부 다해서 어른이 20 억 명 정도 있다.

■홀로 ひとりで　■후회하다 後悔する　■용기를 불어넣다 勇気を吹き込む

「ぼくの花は、はかないのか」小さな王子さまは心の中で思った。「ぼくの花は世界中の危険から自分を守るのに、4つのトゲしか持っていないんだ！ それなのにぼくは、花をひとりぼっちにした」

突然、小さな王子さまは星を出なければよかったと後悔した。でも勇気をふるい起こした。

「どの惑星を訪ねたらいいですか？」小さな王子さまは地理学者にたずねた。

「地球じゃ」地理学者は答えた。「見事な惑星だということになっておる」

小さな王子さまは出発した。花のことを思いながら。

第16章

そんなわけで、小さな王子さまが訪ねた7つ目の惑星は地球だった。

地球はなかなか面白いところだった！ 王さまが111人、地理学者が7000人、実業家が90万人、のんべえが750万人、うぬぼれ屋が3億1100万人いたのだ。ぜんたいで、おとなが20億人くらいいた。

　지구의 크기를 이해하려면 먼저, 전기가 발명되기 전에는 46 만 2,511 명의 점등인이 있었다는 사실을 이야기해두자.

　하늘 저 멀리에서 바라보면 점등인이 켠 그 불빛 덕분에 지구는 아름다운 그림 같았다. 점등인들은 대형 무대에서 춤추는 무희들처럼 연대해서 일했다. 먼저 뉴질랜드와 오스트레일리아의 점등인이 자기 전에 가로등을 켠다. 다음에 중국과 시베리아, 그리고 나서 러시아와 인도의 점등인 차례다. 그다음에 아프리카와 유럽, 남아메리카로 이어져 마지막으로 북아메리카다. 점등인이 불 켜는 순서를 틀리는 일은 결코 없었다. 그들의 춤은 완벽해서 보고 있기만 해도 아름다웠다.

　가장 편하게 일하는 것은 북극과 남극의 점등인이다. 1 년에 두 번밖에 일하지 않으니까.

■발명되다 発明される　■무희 踊り子　■연대하다 連帯する

　地球の大きさをわかってもらうために、電気が発明される前には、46万2511人の点灯夫がいたということをお話ししておこう。

　空のかなたから眺めると、その灯りのおかげで、地球は美しい絵のようだった。点灯夫たちは、大舞台の踊り子たちのように連携して働いた。まず、ニュージーランドとオーストラリアの点灯夫が寝る前に街灯を灯す。次は中国とシベリア、それからロシアとインドの点灯夫。その後アフリカとヨーロッパ、南アメリカと続いて、最後に北アメリカの番だ。点灯夫が順番を間違えて火を灯すことは決してない。彼らの踊りは完ぺきで、見ていてとても美しいものだった。

　一番楽な仕事をしているのは、北極と南極の点灯夫だ。年に2回しか働かない。

覚えておきたい韓国語表現

> 3 더하기 2는 5 （p.104, 4行目）
> 3足す2は5

【解説】「더하기」（〜足す）は、計算するときの「足し算」を表します。日本語では「三足す二は五」と言いますが、韓国語では「足し算」を表す「더하기」を計算するときにもそのまま使います。

その他の表現

빼기（引き算）　　곱하기（掛け算）　　나누기（割り算）

【例文】

> 10 빼기 4는 6
> 10引く4は6

> 2 곱하기 5는 10
> 2掛ける5は10

> 18 나누기 6은 3
> 18割る6は3

> 게으름뱅이가 꿈꾸는 그거. （p.106, 下から10行目）
> 怠け者が夢を見るあれさ。

【解説】「–뱅이」（〜者、〜主）は、「それを特性として持っている人やもの」を表す言葉です。名詞の後ろについて、その名詞を特性としている人やものを強調するときに使います。

関連単語

가난뱅이（貧乏）　　주정뱅이（酔っ払い）　　장돌뱅이（各地の市場を回って商売する人）

【例文】

> 오빠 같은 게으름뱅이나 이때까지 자지요. / 염상섭 『삼대』
> お兄さんのような怠け者なので、今まで寝ます。／ヨム・サンソプ『三代』

맥주 두 상자를 비워 버리면 난 주정뱅이 틈에서 어떡허구. / 최인훈 『GREY 구락부 전말기』

ビール2箱を空けてしまったら、私は酔っぱらいの間でどうしよう。 / チェ・インフン『GREY倶楽部顚末記』

장돌뱅이 망신만 시키고 돌아다니누나. / 이효석 『메밀꽃 필 무렵』

商人に恥をかかせて歩き回っているんだな。/ イ・ヒョソク『そばの花咲く頃』

세 걸음 만에 일주할 수 있어. (p.116, 12行目)
3歩で一周できる。

【解説】「-만에」(〜ぶりに、〜経った後)はある動作が終わってから、ある程度の時間が過ぎた後にあることが起きることを表します。そのため、先行節の動作が完了した状態からどれほど経過しているのかを表す「-ㄴ/은 지」が前に来る場合が多いです。「만에」の前には必ず期間を表す数字を使います。

【例文】

헤아려 보니 우리는 팔 년 만에 만난 것이었다. / 서정인 『분열식』

数えてみると私たちは8年ぶりに会ったのだ。/ ソ・ジョンイン『分列式』

상처한 지 10여 년 만에 난생 처음으로 시도하는 외도여서 흥분이 없을 수가 없었다. / 이제하 『신행』

妻が死んで10余年ぶりに生まれて初めて試みる浮気だったので興奮がないはずがなかった。/ イ・ジェハ『神幸』

모임은 거기서 10분 만에 끝났다. / 최인훈 『광장』

集まりはそこで10分で終わった。/ チェ・インフン『広場』

원하는 만큼 낮이 계속될 거야. (p.116, 13-14行目)
好きなだけ昼間が続くよ。

【解説】「만큼」(〜ほど、〜くらい)は、前の内容に相当する数量や程度を表す言葉です。先行節の状態や行動が、後続節のある動作とほぼ同じ程度であるときに使います。「-ㄴ/은/는/ㄹ/을」を先行節に付けた後ろに「만큼」を付けて、後続節につなぎます。

覚えておきたい韓国語表現

【例文】

> 그는 놀라울 만큼 재빠른 솜씨로 권총을 분해한다. / 박경리『시장과 전장』
>
> 彼は驚くほど素早い技で拳銃を分解する。/ パク・キョンニ『市場と戦場』

> 내 얼굴이 그 가슴에 닿을 만큼 가까이 섰다. / 강신재『젊은 느티나무』
>
> 私の顔がその胸に届くほど近付いた。/ カン・シンジェ『若いケヤキ』

> 발도 잘 못 들여놓을 만큼 사람들이 꽉꽉 들어찼다. / 김정한『사하촌』
>
> 足もうまく踏み込めないほど人がぎゅうぎゅうに詰まっていた。/ キム・ジョンハン『寺下村』

이거야말로 일다운 일이야! (p.120, 5-6行目)
これこそ、本物の仕事だ！

【解説】「-다운」(〜らしい)は、「-답다」の連体形です。「-답다」は名詞に付いて、その名詞の性質や特性を持っているという意味を表します。元々持っているべき性質を備えているという意味になります。

【例文】

> 사내다운 사내를 사위로 맞게 된 것은 천우신조가 아닐 수 없었다. / 현진건『무영탑』
>
> 男らしい男を婿として迎えることになったのは、天の助けと神の助けに違いない。/ ヒョン・ジンゴン『無影塔』

> 귀밑에는 어린애다운 수줍음이 흘렀다. / 최서해『갈등』
>
> 耳の下には子どもらしい恥じらいが流れた。/ チェ・ソヘ『葛藤』

> 시골 색시다운 숫기가 내비쳤다. / 김정한『모래톱 이야기』
>
> 田舎娘らしい恥ずかしがり屋だった。/ キム・ジョンハン『砂浜物語』

그런 걸 하기에 지리학자는 너무 위대하단 말이지. (p.120, 最終行)
そんなことをするには（地理学者は）偉すぎるのでな。

【解説】「-기에」(〜するには、〜するので)は、先行節の内容が後続節の内容の理由、原因、根拠になる場合に使います。主に書き言葉やフォーマルな状況で使います。

【例文】

> 나는 내 영어가 중학생들을 가르치기에 별로 적합하지 않은 것을 다행스럽게 생각했다. / 서정인『분열식』
>
> 私は中学生に英語を教えるのにあまり向いていないことを幸いに思った。/ ソ・ジョンイン『分列式』

> 숙부가 손짓하기에 필재는 숙부를 따라 동쪽에 있는 정자로 따라갔다. / 정한숙『고가』
>
> 叔父が手招きするので、ピルジェは叔父について東にあるあずま屋について行った。/ チョン・ハンスク『古家』

> 일어서라기에 일어섰고, 밖으로 나가라기에 따라나갔을 따름이다. / 김정한『인간단지』
>
> 立ち上がれと言われて立ち上がり、外へ出ろと言われてついて行っただけだ。/ キム・ジョンハン『人間団地』

그들이 봐온 것들을 적어두지. (p.122, 1–2行目)
彼らの見てきたことを書き留める。

【解説】「-아/어 두다」(〜しておく)は、ある行動の後にその状況や結果がそのまま持続するという意味で、「-아/어 놓다」(〜しておく)と似た意味を持ちます。動詞の後ろで使われます。
  ＊この表現は「本用言＋補助用言」の形態なので、[-아/어 두다] と [-아/어두다] はどちらで書いても文法には反しません。(→ p.74 コラム「韓国語の分かち書き」参照)

【例文】

> 감추어 두었던 낡은 총 / 김동인『반역자』
>
> 隠しておいた古い銃 / キム・ドンイン『反逆者』

> 문을 이렇게 열어 두면 어떻게 하나? / 염상섭『삼대』
>
> ドアをこんなふうに開けておいてどうする？ / ヨム・サンソプ『三代』

> 상여를 넣어 두는 빈집 / 윤흥길『장마』
>
> 棺の輿を入れておく空き家 / ユン・フンギル『長雨』

> 있을 법한 이야기다. (p.122, 12行目)
> ありうる話だ。

【解説】「-ㄹ/을 법하다」（〜しそうだ）は、話し手がある状況が起きる可能性が高い、またはその出来事が起きる妥当な理由がありそうだと推測するときに使います。「-ㄹ/을 법도 하다」の形としても使われます。

【例文】

> 그도 그럴 법하다고 저도 모르게 고개를 끄덕거린다. / 채만식 『탁류』
> それももっともらしいと思わずうなずく。/ チェ・マンシク『濁流』

> 아마 팔월 한가위 안팎으로 될 법하대요. / 현진건 『무영탑』
> たぶん8月の中秋前後になりそうです。/ ヒョン・ジンゴン『無影塔』

> 얼마 안 있으면 찾아올 법하다는 것을 이야기하였다. / 이효석 『성화』
> もうすぐ訪ねてきそうだと話した。/ イ・ヒョソク『聖画』

> 큰 산을 발견했다면 큰 암석을 가져오게 하는 거란다.
> (p.122, 下から8−7行目)
> 大きな山を見つけたのなら、大きな岩石を持って来させるのじゃ。

【解説】「-게 하다」（〜させる）は、ある人にある行動をやらせるという使役の意味で、動詞の後ろに付けて使います。

【例文】

> 소리를 못 내게 하고, 방구석에 눕혀 두었심더. / 김동리 『을화』
> 音を出させないで、部屋の隅に寝かせておいた。/ キム・ドンニ『ウルファ』

> 아무리 자기를 감옥에까지 가게 하였다 하더라도 / 나도향 『물레방아』
> いくら自分を監獄にまで行かせたとしても / ナ・ドヒャン『水車』

자기를 아버지라 부르게 하지 않고 할아버지라 부르게 한 것을 새삼 잘 한 일이라고 생각했다. / 박영준『추정』

自分を父と呼ばせず祖父と呼ばせたことを改めてよくやったと思った。/ パク・ヨンジュン『推定』

그들의 춤은 완벽해서 보고 있기만 해도 아름다웠다.
（p.128, 下から 4−3行目）

彼らの踊りは完ぺきで、見ていてとても美しいものだった。

【解説】「−만」（～だけ、～のみ）は、他のことから制限されている、限定していることを表すときに使います。

【例文】

울기만 하면 무엇 하나? 살자! 살자! 어떻게든지 살아 보자! / 최서해『탈출기』

泣いてばかりいて何をするのか？ 生きよう！ 生きよう！ なんとか生きてみよう！ / チェ・ソヘ『脱出記』

불도 없이 깜깜하기만 한 방 안이 잠시 조용하더니 주인 마누라가 울음을 터뜨리었다. / 이호철『소시민』

明かりもなく真っ暗なだけの部屋の中がしばらく静かだったが、主人の妻が泣き出した。/ イ・ホチョル『小市民』

듣기만 해도 신기하고 신나는 노래 / 하근찬『족제비』

聞くだけで不思議で楽しい歌 / ハ・グンチャン『イタチ』

星の王子さまが韓国に来たら?

　小さな王子さまは地球に到着するまで、さまざまな惑星でさまざまな大人に出会います。そこには王さま、うぬぼれ屋、のんべえ、実業家、点灯夫、地理学者などが住んでいます。しかし、点灯夫を除けば誰一人として星の王子さまには理解ができない、不思議な大人たちばかりです。

　新しい友達ができても、大人たちは重要な事実を全く聞こうとしません。その子はどんな声なのか、何をして遊ぶのか、蝶の収集はするのか、といったことです。その代わりに、韓国の大人なら、例えばこんなことを聞くでしょう。その子は全校で何位なのか、どの町のどのブランドのアパートに住んでいるのか、お父さんの職業は何なのか、などです。もし、その子がソウル・江南の30億ウォンのマンションに住んでいたり、両親の職業が医師だったりすれば、良い友達がいるのだと喜ぶに決まっています。

　K-POPやK-ドラマで見られる華麗な韓国の若者たちの姿の裏には、激しい競争や就職難、貧困に苦しむ若い世代の痛みが隠されています。今では韓国社会で常識のように通用する「헬조선(ヘル朝鮮)」、「흙수저(土のスプーン)」、「N포세대(N放世代)」のような新造語だけを見てもわかります。「흙수저」とは両親からいかなる経済的な支援も受けられず、貧困が受け継がれる若い世代のことです。このような若者は恋愛、結婚、就職、出産などの社会的活動を放棄する「N포세대」になります。そして、彼らは自分たちが暮らす大韓民国がまるで地獄のようだとして、「헬조선」という自嘲的な表現を使います。

　星の王子さまが韓国に来たら、その小さな頭では理解できないことが多すぎて、すぐに自分の星に帰りたくなるかもしれません。そして、このように言うことでしょう。

「여기 사는 사람들은 너무 이상해. 가장 중요한 건 눈에 보이지 않는다는 것을 아무도 몰라. 누구도 서로를 길들이려고 하지 않아. 어딘가에 숨겨진 우물을 찾으려고도 하지 않아. 이곳 사람들은 너무나 너무나 이상해.」

(ここにいる人たちはとても変わっているね。一番大切なものは目に見えないということを誰も知らない。誰もお互いに親しくなろうとしない。どこかに隠された井戸を探そうともしない。ここの人たちはとってもとってもおかしいよ。)

제 5 부
第 5 部

──────── ✳ ────────

제 17 장 – 제 20 장
第 17 章 – 第 20 章

제 17 장

　이야기를 유쾌하고 재미나게 만들자고 하면 저도 모르게 작은 거짓말을 하게 된다. 점등인에 대한 이야기 역시 사실만 얘기한 것은 아니다. 그래서 우리 행성에 대해서 잘 모르는 사람들을 혼란스럽게 할 위험도 있다. 실제로 사람이 지구상에서 차지하는 면적은 극히 적다. 만일 지상에 사는 20억 명이 전부 한 곳에 뭉쳐서 서 있다면 위아래로 20마일, 옆으로 20마일의 공간에 넉넉하게 들어갈 수 있을 것이다. 지구에 사는 사람 모두가 태평양의 작은 섬 하나에 여유 있게 들어갈 수 있다는 얘기다.

　물론, 어른들은 이 이야기를 믿으려 하지 않을 것이다. 지구의 많은 곳을 이미 점령했다고 믿고 싶을 테니까. 자기들이 바오밥나무처럼 거대하고 중요하다고 여길 테니까. 하지만 그들에게 일일이 신경 쓰며 시간을 허비하는 일은 그만두자. 그럴 이유가 없다. 여러분은 내가 하는 말을 믿어주니까.

　어린 왕자님이 지구에 도착했을 때, 자기 혼자밖에 없다는 사실에 무척이나 놀랐다. 눈 씻고 찾아봐도 사람 하나 없었다. 찾아갈 행성을 잘못 고른 것은 아닐지 걱정이 됐다. 마침 그때 모래 한가운데에서 금빛의 무언가가 움직이는 것이 보였다.

　"안녕" 어린 왕자님은 말했다.

　"안녕" 뱀이 대답했다.

■유쾌하다 愉快だ　■혼란스럽다 混乱している　■눈 씻고 찾아보다 目を洗って探してみる、よく探す　■모래 砂　■한가운데 真ん中

第17章

　ぼくは面白おかしくしたいと思うと、つい、ちいさなウソをついてしまうことがある。点灯夫の話をしていたときも、本当のことだけを話したわけではない。そのため、ぼくたちの惑星のことをよく知らない人たちを混乱させてしまう危険性がある。実際、人が地球の上で占める面積はごくわずかだ。もし地上に住む20億人が全員、一つの場所にかたまって立ったら、縦に20マイル、横に20マイルのスペースに余裕で入ってしまうだろう。地球に住む人全員が、太平洋の小島一つに楽に収まってしまうのだ。

　もちろん、おとなはこの話を信じようとしない。たくさんの場所を占領していると思いたいのだ。自分たちが、バオバブのように大きくて重要だと思っているのだ。でも彼らに気をつかって時間を無駄にするのはやめよう。そうする理由がないのだ。みんなはぼくの言うことを信じてくれるのだから。

　小さな王子さまは地球に着いたとき、ひとりぼっちだったのでとてもびっくりした。人っ子ひとり、見かけないのだ。来る惑星を間違えたのではないかと心配になった。ちょうどその時、砂の中で金色のものが動くのが見えた。

「こんばんは」小さな王子さまは言った。
「こんばんは」ヘビが答えた。

"이 행성은 어떤 곳이야?" 어린 왕자님이 물었다.

"지구, 그중에서도 아프리카에 있어." 뱀이 말했다.

"뭐? 그럼 지구에는 아무도 살지 않아?"

"여기는 사막이라고. 사막에는 아무도 살지 않지. 지구는 대단히 크니까." 뱀이 대답했다.

어린 왕자님은 돌 위에 걸터앉았다. 하늘을 올려보며,

"별은 누구든 언젠가는 자기 별을 찾아낼 수 있으라고 빛나고 있는 걸까?"라고 말했다. "우리 별을 봐. 마침 우리 바로 위야…… 하지만 얼마나 멀리 있는 거야!"

"예쁘네." 뱀이 말했다. "그런데 왜 여기에 온 거지?"

"꽃이랑 사이가 나빠졌거든." 어린 왕자님은 말했다.

"아아" 뱀이 말했다.

더 이상 둘 다 아무 말도 하지 않았다.

"사람은 어디에 있어?" 잠시 후에 어린 왕자님이 물었다. "사막에 있으면 쓸쓸해……"

"사람들 속에 있어도 쓸쓸하지." 뱀이 말했다.

작은 왕자님은 오랫동안 뱀을 응시했다.

"너는 괴상하게 생겼어." 어린 왕자님은 뱀에게 말했다. "손가락처럼 길고 가늘고……"

■걸터앉다 腰掛ける　■쓸쓸하다 さびしい　■응시하다 凝視する、見つめる　■괴상하다 怪奇だ

「この惑星はどういうところ？」小さな王子さまがたずねた。

「地球の、アフリカにいるんだよ」ヘビが言った。

「えっ。じゃあ地球にはだれも住んでないの？」

「ここは砂漠なんだ。砂漠にはだれも住まないのさ。地球はとても大きいからな」ヘビが答えた。

小さな王子さまは石に腰を下ろした。空を見上げて、

「星は、だれもがいつか自分の星を見つけられるように、光ってるのかなあ？」と言った。「ぼくの星を見て。ちょうど、ぼくらの真上だ……。でも何て遠いんだろう！」

「きれいだな」ヘビは言った。「なんでまた、ここに来たんだい？」

「花とうまくいかなくなっちゃったんだ」小さな王子さまは言った。

「ああ」ヘビが言った。

どちらもそれ以上、何も言わなかった。

「人はどこにいるの？」しばらくして小さな王子さまがたずねた。「砂漠にいると寂しいよ……」

「人の中にいても寂しいさ」ヘビは言った。

小さな王子さまは、ヘビを長い間見つめた。

「きみは変わった格好の生き物だなあ」小さな王子さまはヘビに言った。「指みたいに長くて細い……」

"그런데 나는 왕의 손가락보다 훨씬 힘이 세지." 뱀이 말했다.

어린 왕자님은 미소를 지었다.

"어떻게 그런 힘을 가졌지……, 다리도 없잖아…… 움직이는 것조차 힘들 텐데."

"너를 아주 멀리까지 데려 갈 수 있다고." 뱀은 그렇게 말하고 나서 금빛 팔찌처럼 어린 왕자님의 발목을 휘감았다.

"나는 말이야, 나를 만지는 그 누구라도 원래의 흙으로 돌려보낼 수 있어." 뱀은 말했다. "그러나 너는 순수해. 별에서 왔으니까……"

어린 왕자님은 아무 말도 하지 않았다.

"네가 불쌍해. 이 지구에서 이렇게 연약하게 혼자서. 언젠가 너의 행성이 그리워서 도저히 어쩔 수 없어지면 도와줄 수 있을지도 몰라. 나는 그걸 할 수 있어……"

"그랬구나! 알았어." 어린 왕자님은 말했다. "하지만 너는 어째서 그렇게 수수께끼 같은 말만 하는 거야?"

"나는 모든 수수께끼를 푸니까." 그리고 둘 모두 입을 다물었다.

■휘감다 巻きつく　■연약하다 弱々しい　■수수께끼 謎

「だがおれは王さまの指よりもずっと力があるんだぜ」ヘビが言った。

小さな王子さまは微笑んだ。

「どうやってそんな力が持てるの……、足さえないじゃないか……動くのだって大変だろう」

「きみをうんと遠くへ連れて行くことができるぜ」ヘビはそう言って、金色のブレスレットのように、小さな王子さまの足首に巻きついた。

「おれは、触れるものはだれでも、もとの土へと送り返すのさ」ヘビは言った。「だがあんたは純粋だ。星から来たんだ……」

小さな王子さまは何も言わなかった。

「あんたが可哀想だ。この地球で、こんなに弱くて、ひとりぼっちで。いつか自分の惑星が恋しくて仕方なくなったら、助けてやれるかもしれないぜ。おれにはできるんだ……」

「そうか！ わかったよ」小さな王子さまは言った。「でもきみはどうして謎めいたことばかり言うの？」

「おれはすべての謎を解くのさ」そうして二人とも、黙りこんだ。

제 18 장

어린 왕자님은 사막을 횡단했다. 한 송이 꽃 말고는 아무도 만나지 못했다.

그것도 꽃잎이 세 장밖에 없는 볼썽사나운 꽃이었다.

"안녕" 어린 왕자님은 말했다.

"안녕" 꽃이 말했다.

"사람을 봤어?" 어린 왕자님은 물었다.

꽃은 한 번 여행자들이 지나가는 것을 본 적이 있었다.

"사람? 몇 명인가 봤는데. 분명 여섯 명인가 일곱 명이었어. 몇 년이나 전의 일이야. 하지만 지금은 어디에 있는지 몰라. 여행자들은 바람에 실려 여기 저기로 다니거든. 그들에게는 뿌리가 없어서 그래. 그건 말이야, 틀림없이 힘든 일일 거야."

"잘 있어." 어린 왕자님은 말했다.

"잘 가." 꽃도 말했다.

■횡단하다 横断する、横切る　■볼썽사납다 みっともない　■뿌리 根っこ

第18章

　小さな王子さまは、砂漠を横切った。一本の花以外、だれにも会わなかった。

　それも、花びらが3枚しかない、もうしわけ程度の花だった。

　「こんにちは」小さな王子さまは言った。

　「こんにちは」花が言った。

　「人を見たかい？」小さな王子さまがたずねた。

　花は、一度、旅人たちが通り過ぎるのを見かけたことがあった。

　「人？　何人か見かけたわ。確か6人か7人だった。何年も前よ。でも今どこにいるのかは知らないわ。旅人たちは風に吹かれて、あっちへ行ったり、こっちへ行ったりするのよ。彼らには根がないからなの。それって、大変に違いないわね」

　「さようなら」小さな王子さまは言った。

　「さようなら」花も言った。

제 19 장

어린 왕자님은 높은 산에 올랐다. 지금까지 알던 산은 왕자님의 별에 있는 세 개의 화산뿐이었고 무릎까지밖에 오지 않았다. 휴화산을 의자 대신 쓸 정도였으니까.

"이렇게 높은 산에서라면 지구 전체는 물론이고 살고 있는 사람 모두가 보일 게 분명해." 어린 왕자님은 중얼거렸다. 하지만 보인 것은 몇 개의 바위와 다른 산들뿐이었다.

"안녕" 하고 불러봤다.
"안녕…… 안녕…… 안녕……" 메아리가 대답했다.

"너는 누구야?" 어린 왕자님이 물었다.
"너는 누구야…… 너는 누구야…… 너는 누구야……"

메아리가 대답했다.

■바위 岩 ■메아리 山びこ

第 19 章

　小さな王子さまは高い山に登った。今まで知っていた山は、王子さまの星にある三つの火山だけで、膝までの高さしかなかった。休火山を椅子代わりに使ったものだった。

　「こんな高い山からなら、地球全体と、住んでいる人みんなが見えるに違いない」小さな王子さまはつぶやいた。でも見えたのは、いくつもの岩とほかの山々だけだった。

　「こんにちは」呼んでみた。

　「こんにちは……こんにちは……こんにちは……」山びこが答えた。

　「きみはだれだい？」小さな王子さまがたずねた。

　「きみはだれだい……きみはだれだい……きみはだれだい……」

　山びこが答える。

"친구가 되어 줘. 나는 외톨이라고." 어린 왕자님은 말했다.

"외톨이라고…… 외톨이라고…… 외톨이라고……" 메아리가 대답했다.

"도대체 얼마나 괴상한 행성인 거야." 어린 왕자님은 생각했다. "메마른 데다가 산밖에 없어. 게다가 여기 사람들은 그다지 재미없어. 내가 한 말을 몇 번이나 되풀이하는걸. 내가 사는 곳에는 꽃이 있었지. 항상 먼저 말을 걸어주는 꽃이……"

 # 제 20 장

꽤 시간이 흘러 어린 왕자님은 길을 하나 발견했다. 모든 길은 사람들이 있는 곳으로 이어져 있다.

"안녕" 어린 왕자님은 말했다. 장미 정원에 와 있었던 것이다.

"안녕" 장미꽃들도 말했다.

■외톨이 ひとりぼっち　■메마르다 枯れる、干からびる　■되풀이하다 繰り返す　■정원 庭園

「友達になってよ。ぼくはひとりぼっちなんだ」小さな王子さまが言った。
「ひとりぼっちなんだ……ひとりぼっちなんだ……ひとりぼっちなんだ……」
山びこが答えた。
「何てへんてこな惑星なんだ」小さな王子さまは思った。「乾いていて、山
ばっかりだ。それにここの人たちはあまり面白くないな。こちらの言ったこ
とを何でも繰り返すんだもの。ぼくのところには花がいた。いつも先に話し
かけてくれる花が……」

第20章

長いことしてから、小さな王子さまは一本の道を見つけた。道というもの
は、すべての人たちのところにつながっている。
「こんにちは」小さな王子さまは言った。バラ園に来ていたのだ。
「こんにちは」バラの花たちも言った。

어린 왕자님은 물끄러미 바라봤다. 자기 꽃과 꼭 같았다.

"너희들, 누구야?" 충격을 받은 어린 왕자님은 물었다.

"우리는 장미야." 장미들이 말했다.

"뭐?" 어린 왕자님은 말했다.

슬픔으로 가슴이 미어지는 것 같았다. 왕자님의 꽃은, 자기는 둘도 없는, 세상에 단 하나밖에 없는 꽃이라고 말했었다. 그런데 여기에는 비슷한 꽃이 이 하나의 정원에 5,000 송이나 피어 있는 것이다!

"내 꽃이 이걸 보면 매우 기분 나빠할 거야." 어린 왕자님은 마음속으로 생각했다. "비웃음을 사지 않으려고 기침을 하고 죽을 듯 아픈 척을 할 거야. 그리고 나는 꽃을 믿는 척해야 하고. 그렇지 않으면 정말로 죽어버릴지도 모르니까……"

그리고 나서 혼잣말을 했다. "나는 축복받았다고 생각했어. 특별한 꽃을 가졌다고 생각했는데 알고 보니 흔해빠진 장미에 지나지 않았어. 세 개의 화산 역시, 아주 작은 데다 하나는 잠들어 있어. 이런 상태로는 왕자님이라고 할 수조차 없어……" 그리고 울었다. 그렇게 울기만 했다.

■물끄러미 じっと　■가슴이 미어지다 胸が張り裂けそうだ、心が痛い　■비웃음을 사다 嘲笑を買う、笑われる　■흔해빠지다 ありふれている

小さな王子さまは、じっと見つめた。自分の花とそっくりだ。

「きみたち、だれ？」ショックを受けて、小さな王子さまは聞いた。

「私たち、バラよ」とバラたちは言った。

「ええっ！」小さな王子さまは言った。

悲しみで胸をしめつけられた。王子さまの花は、自分はかけがえのない、世界で一つしかない花だと言っていた。それがここでは、似たような花がたった一つの庭に5000本も咲いているのだ！

「ぼくの花がこれを見たら、とても機嫌をわるくするだろうな」小さな王子さまは心の中で思った。「笑われないように咳をして、死にかけているふりをするだろうな。そしてぼくは、花を信じているふりをしなければ。さもないと、本当に死んでしまいかねないからね……」

それから独り言を言った。「ぼくは恵まれてると思ってた。特別な花を持ってると思ってたけど、実際にはありきたりのバラでしかなかったんだ。三つの火山だって、とても小さくて、一つは眠ってる。これじゃあ、王子さまなんかじゃないよ……」そして泣いて、泣いて、泣きとおした。

지상에 사는 20억 명이 전부 한 곳에 뭉쳐서 서 있는다면 (p.138, 4–5行目)
地上に住む20億人が全員、一つの場所にかたまって立ったら

【解説】「−ㄴ/는다면」(〜だとすれば)は仮定の状況を表す表現で、現在や過去のことを反対に想像するとき、もしくはまだ起きていないことについて話すときに使います。後続節には、仮定状況や推測を表す「−ㄹ/을 거예요, −겠어요, −ㄹ/을 텐데」などが来ることが多いです。

【例文】

자식은 꼭 제 애비를 닮는다면 좋겠구먼……. / 김동인『발가락이 닮았다』
子どもはぜひ私の父に似てほしいな……。 / キム・ドンイン『足の指が似ている』

경숙 씨가 좋으시다면 내야 얼마나 기쁘겠습니까. / 현진건『B사감과 러브레터』
キョンスクさんがよければ、ぼくはどれだけ嬉しいでしょうか。 / ヒョン・ジンゴン『B舎監とラブレター』

오늘 가서 이야기를 해보고 여전히 안 듣는다면 파업을 계속해 가는 것이 좋을 것 같으네. / 유진오『밤중에 거니는 자』
今日行って話をしてみて依然として聞かないならば、ストライキを続けていった方が良さそうだね。 / ユ・ジノ『夜中に歩く者』

어른들은 이 이야기를 믿으려 하지 않을 것이다. (p.138, 8行目)
おとなはこの話を信じようとしない。

【解説】「−(으)려고 하다」(〜しようと思う)は、主語の何かをしようという意図や計画について話すときに使います。「−고」を省略する場合もあります。

【例文】

역사는 또 한바퀴 구르려고 한다. / 조명희『낙동강』
歴史はまた一周しようとしている。 / チョ・ミョンヒ『洛東江』

지금껏 있는 힘을 다해 충실히 하려고 노력해 오지 않았던가……. / 전광용『태백산맥』
今まで力を尽くして充実させようと努力してきたのではないか……。 / チョン・グァンヨン『太白山脈』

나는 열심히 살려고 한 결과가 그랬어요. 그러니까 후회하지는 않아요. / 강신재『절벽』

私は一生懸命生きようとした結果がそうでした。だから後悔はしません。/ カン・シンジェ『絶壁』

눈 씻고 찾아봐도 사람 하나 없었다. (p.138, 下から5行目)

人っ子ひとり、見かけないのだ。（直訳：目を洗って探してみても、人は一人もいなかった。）

【解説】「-아/어 보다」（〜してみる）は、あることを試したり経験してみたりするときに使います。一般的に、現在で使われるときは「試み」を、過去で使われるときは「経験」を表します。

【例文】

그대로 쥐고 있던 돈을 세어 보고 집어넣는다. / 계용묵『별을 헨다』

そのまま握っていたお金を数えてみて入れる。/ ケ・ヨンムク『星を数える』

이러한 음식을 먹어 보기는 처음이었다. / 강경애『인간문제』

このような食べ物を食べてみるのは初めてだった。/ カン・ギョンエ『人間問題』

어린애 모양 세어 보고 또 세어 보고 있었다. / 정한숙『고가』

子どものように数えてみて、また数えていた。/ チョン・ハンスク『古家』

움직이는 것조차 힘들 텐데. (p.142, 3 – 4行目)

動くのだって大変だろう。

【解説】「-ㄹ/을 텐데」（〜だろうに）は、話し手の意志や推測を表す表現「-ㄹ/을 터이다」（〜するつもりだ）に「-ㄴ/은/는데」（〜なのに）が付いて作られた表現です。先行節にはある事実や状況を推測することや未来を表す言葉が、後続節には先行節と関連があることや反対の言葉が続きます。

覚えておきたい韓国語表現

【例文】

> 무슨 일로 경찰에 쫓기고 있는지 알고 싶을 텐데……. / 장용학 『원형의 전설』
>
> 何のことで警察に追われているのか知りたいのに……。 / チャン・ヨンハク 『円形の伝説』

> 서울 길을 잘 모르실 텐데 제가 댁까지 바래다 드리지요. / 최정희 『인맥』
>
> ソウルの道がよく分からないだろうから、私がお宅までお送りしましょう。 / チェ・ジョンヒ 『人脈』

> 모욕으로 느껴질 법도 했을 텐데 전혀 아무렇지도 않게 여기는 내색이었다. / 이호철 『소시민』
>
> 侮辱と感じられるはずなのに、全く何とも思わない様子だった。 / イ・ホチョル 『小市民』

꽃잎이 세 장밖에 없는 볼썽사나운 꽃이었다. (p.144, 3行目)
花びらが3枚しかない、もうしわけ程度の花だった。

【解説】「사납다」(荒い、険しい)は、状況や事情などがよくないことを表します。元々は性質や行動、人の性格や様子が荒っぽくて猛々しいときに使う形容詞です。

関連語句

눈꼴사납다 (見苦しい、目に余る)
볼품사납다 (みすぼらしい、見栄えがしない)
꼴사납다 (することや外見が無様だ)

【例文】

> 여러 사람들 앞에서 모양 사나운 꼴을 당했기 때문이다. / 심훈 『상록수』
>
> 多くの人々の前でみっともない目にあったからだ。 / シム・フン 『常緑樹』

> 별로 눈꼴사나운 일이 없을 것이었다. / 안수길 『북간도』
>
> あまり目障りなことはなかった。 / アン・スギル 『北間島』

> 인심 사나운 동네에 사는 것이 불찰이지. / 서정인 『해바라기』
>
> 不人情な町に住むのが間違いだ。 / ソ・ジョンイン 『ひまわり』

메마른 데다가 산밖에 없어. (p.148, 3 – 4行目)
乾いていて、山ばっかりだ。

【解説】「-밖에」(〜しか) は、他に可能性がなく選択肢が一つしかない場合を表すときに使います。「-밖에」の前には非常に少ないか小さいという感じの単語が来ることが多く、後ろには否定形が来ます。

【例文】

그 방에서는 코고는 소리밖에는 들리지 않았다. / 강신재『파도』
その部屋ではいびきしか聞こえなかった。/ カン・シンジェ『波』

달이 삼십 원씩 보내 주는 것밖에 없었다. / 심훈『상록수』
月30ウォンずつ送ってくれるものしかなかった。/ シム・フン『常緑樹』

김치밖에 다른 반찬을 사온 일이 없다. / 이복명『민보의 생활표』
キムチしか他のおかずを買ってきたことがない。/ イ・ボクミョン『ミンボの生活表』

비웃음을 사지 않으려고 기침을 하고 (p.150, 9行目)
笑われないように咳をして (直訳：嘲笑を買わないように咳をして)

【解説】「을/를 사다」(〜を買う) は、他の人にある感情を持たせるときに使います。慣用的に使う場合が多いです。

関連語句
인심을 사다 (人情を買う＝他の人からよい評価を得る)
감정을 사다 (恨みを買う＝他の人の感情を悪くする)
노여움을 사다 (怒りを買う＝他の人を怒らせる)
환심을 사다 (歓心を買う＝他の人に気に入られるように機嫌を取る)

【例文】

자기의 신변 보호책으로 상부에 환심을 사려는 꿍꿍이속 / 전광용『태백산맥』
自分の身辺保護策で上部に歓心を買おうとするもくろみ / チョン・グァンヨン『太白山脈』

아다다의 마음을 사게 된 것이었다. / 계용묵 『백치 아다다』

アダダの心をつかむようになったのだ。/ ケ・ヨンムク『白痴アダダ』

반감을 사기도 한 모양이었다. / 박노갑 『사십 년』

反感を買ったようだった。/ パク・ノガブ『40年』

죽을 듯 아픈 척을 할 거야. (p.150, 9–10行目)
死にかけているふりをするだろうな。

【解説】「-ㄴ/은/는 척하다」（～ふりをする）は、事実とは相反する偽りの行動をする、またはそのような状況にあることを言うときに使います。この表現の前には事実と反対の内容が来ます。

【例文】

스스로 고민하는 척 몸짓하며 살아온 사람들이다. / 지하련 『도정』

自ら悩むふりをしながら、生きてきた人々だ。/ チ・ハリョン『道程』

이 소동을 보고도 모르는 척하고 서 있는 북쪽 관리인의 태도가 더 미웠다. / 정한숙 『닭장 관리』

この騒動を見ても知らぬふりをして立っている北側の管理人の態度がもっと憎かった。/ チョン・ハンスク『鶏小屋の管理』

나는 사랑하는 척한다. / 전영택 『눈 내리는 오후』

私は愛するふりをする。/ チョン・ヨンテク『雪の降る午後』

알고 보니 흔해빠진 장미에 지나지 않았어. (p.150, 下から3行目)
実際にはありきたりのバラでしかなかったんだ。

【解説】「-고 보니」（～してみると）は、ある出来事や行動が起きる前には知らなかったのに、そのことが起きた後に何かの事実が新たに分かったとき、もしくは以前から考えていたこととは違ったときに使います。後ろに「-까」を付ける場合もあります。

【例文】

아가씨도 알고 보니 여간 변덕쟁이가 아니시군. / 현진건『무영탑』

お嬢さんも知ってみるとなかなか気まぐれですね。/ ヒョン・ジンゴン『無影塔』

아닌게아니라 이야기를 듣고 보니 난처하였다. / 지하련『도정』

否応なく話を聞いてみると困った。/ チ・ハリョン『道程』

나이 들고 보니 출가를 할 수 없었다. / 안수길『북간도』

年を取ってみると出家できなかった。/ アン・スギル『北間島』

왕자님이라고 할 수조차 없어…… （p.150, 下から2−1行目）
王子さまなんかじゃないよ……

【解説】「−조차」(〜まで、〜さえ) は、否定的な表現で、前提であるものにさらに何かを付け加えるときに使います。一般的に予想しにくい極端な場合まで追加することを表します。

【例文】

하숙생활조차 뜻대로 되지 않았다. / 이태준『까마귀』

下宿生活さえままならなかった。/ イ・テジュン『カラス』

안경을 벗은 나의 눈은 그들의 얼굴조차 알아낼 수 없었다. / 박태원『피로』

眼鏡をはずした私の目は彼らの顔さえ分からなかった。/ パク・テウォン『疲労』

구경할 기회조차 없었다. / 채만식『탁류』

見物する機会さえなかった。/ チェ・マンシク『濁流』

韓国で『星の王子さま』はいつ紹介されたの？

　全世界で聖書の次に多く翻訳された本といわれる『星の王子さま』は、1956年に韓国で初めて紹介されました。当時、フランス公使館に勤めていた韓国人の仏文学者アン・ウンリョルが、1955年に韓国に帰ってきた際、知人からフランス語版『星の王子さま』をプレゼントされ、この本がどんなに面白かったのか、帰ってくる船で一気に翻訳を終えたと伝えられています。この翻訳は1956年の4月から5月にかけて韓国の日刊紙に連載され、その後、単行本としてまとめられて1960年に出版されました。

　それから韓国で出版された『星の王子さま』は100種あまりに達するほど国民的な人気図書となり、数多くの仏文学者やフランス語翻訳家の個性ある翻訳本として、現在も着実に出版されています。さらに、最近話題になった『星の王子さま』[어린 왕자]の翻訳本の中には、慶尚道（韓国の南東部に位置する地方）の方言バージョン[애린 왕자]もあるほどです。

　大体こんな感じです（慶尚道の方言で重要なのは抑揚ですが、それが伝わらないのは仕方ないですね）。

　　方言：내 비밀은 이기다. 아주 간단테이. 맘으로 비야 잘 빈다카는 거. 중요한 기는 눈에
　　　　　비지 않는다카이.
　　標準：내 비밀은 이거야. 아주 간단해. 마음으로 봐야 잘 보인다는 거. 중요한 것은 눈에
　　　　　보이지 않아.
　　（ぼくの秘密はこれだ。とても簡単だよ。心で見ればよく見えるということ。大切なものは、目に見えないんだ。）

　韓国では『星の王子さま』は図書だけでなく、ミュージカル、メディアアート展示、キャラクター商品まで多岐にわたり、全世代が一緒に楽しめる文化商品として大きな人気を博しています。

제 6 부
第 6 部

---- ✳ ----

제 21 장 – 제 24 장
第 21 章 – 第 24 章

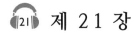 제 21 장

마침 그때 여우가 나타났다.
"안녕" 여우가 말했다.
"안녕" 어린 왕자님은 대답했다. 뒤돌아보았지만 아무도 없었다.

"여기야" 사과나무 아래에서 목소리가 들렸다.
"너는 누구야?" 어린 왕자님은 말했다. "아름답기도 하지, 너 말이야."
"나는 여우야." 여우는 말했다.
"이리 와. 나랑 놀자." 어린 왕자님은 말했다. "나, 너무 슬프다고."

"너랑은 놀 수 없어." 여우는 대답했다. "길들여지지 않았으니까."
"아아! 미안해." 어린 왕자님은 말했다. 잠시 생각한 후에 덧붙였다.
"'길들여진다'란 어떤 거야?"

■마침 그때 ちょうどそのとき　■뒤돌아보다 振り向く　■길들이다 飼いならす、手なずける

第 21 章

　ちょうどその時、キツネが現れた。

　「こんにちは」キツネは言った。

　「こんにちは」小さな王子さまは答えた。振り向いたのだが、だれも目に入らなかった。

　「ここだよ」りんごの木の下から声がした。

　「きみはだれだい？」小さな王子さまは言った。「きれいだね、きみ」

　「ぼくはキツネだよ」キツネは言った。

　「おいで。ぼくと遊ぼう」小さな王子さまは言った。「ぼく、とても悲しいんだ」

　「きみとは遊べないよ」キツネは答えた。「なついてないから」

　「ああ！ ごめんね」小さな王子さまは言った。少し考えてから、付け足した。「『なつく』って、どういうこと？」

"너, 여기 사람이 아니네." 여우는 말했다. "여기에서 뭐 하는 거야?"

"사람들을 찾고 있어." 어린 왕자님은 말했다. "'길들인다' 란 어떤 거야?"

"사람은 총을 갖고 있어. 사냥을 한다고." 여우는 말했다. "정말 민폐지 뭐야. 게다가 닭까지 기른다고. 인간이 하는 일은 그것뿐이야. 너, 닭을 찾고 있는 거야?"

"아~니" 어린 왕자님은 말했다. "나는 친구를 찾고 있어. '길들인다' 란 뭐야?"

"너무 오랫동안 잊혀진 거야." 여우는 말했다. "'길들인다' 란 '연대나 유대를 만드는' 거야. 지금, 나에게 너는 다른 몇천 명이나 되는 아이들과 같아. 그저 평범한 남자아이에 지나지 않아. 나는 너를 필요로 하지 않고 너도 나를 필요로 하지 않아. 너한테도 나는 다른 몇천 마리나 되는 여우와 같은, 대체 가능한 그저 그런 여우야. 하지만 너에게 내가 길들여진다면 우리는 서로를 필요로 하게 돼. 나에게 있어 너는 둘도 없는 단 하나의 존재가 되지. 너는 전 세계에서 다른 누구와도 다른 존재가 되는 거야. 그리고 나는 너에게 있어 둘도 없는 존재가 되는 거야……"

"나, 이해할 수 있을 것 같은 기분이 들어." 어린 왕자님은 말했다. "옛날에 꽃이 있었어……. 그 꽃은 내가 자기에게 흠뻑 빠졌다고 생각했어……"

"있을 법한 이야기야." 여우는 말했다. "지구에는 다양한 일들이 가능해."

"아아! 지구에서 일어난 일이 아니야." 어린 왕자님은 말했다. 여우는 재미난 듯 왕자님을 바라봤다.

■민폐 迷惑 ■유대 絆 ■흠뻑 빠지다 すっかりはまる

「きみ、ここの人じゃないんだね」キツネは言った。「ここで何してるの？」

「人間たちを探しているんだよ」小さな王子さまは言った。「『なつく』って、どういうこと？」

「人間は銃を持ってる。狩りをするんだ」キツネは言った。「まったく迷惑だよ。それからニワトリも育てるんだ。人間がするのはそれだけさ。きみ、ニワトリを探してるのかい？」

「ううん」小さな王子さまは言った。「ぼくは友達を探してるんだ。『なつく』ってなんのこと？」

「あまりにも忘れられてしまったことさ」キツネは言った。「『なつく』って、『つながりやきずなをつくる』ことだよ。今、きみはぼくにとって他の何千もの子と同じ、ただの男の子でしかない。ぼくはきみを必要としないし、きみもぼくを必要としない。きみにとってぼくは他の何千というキツネと同じ、代わり映えしないただのキツネだ。でもきみにぼくがなついたら、ぼくたちはお互いが必要になるんだ。ぼくにとってきみはかけがえのない、たったひとりの存在になる。きみは世界中の他のだれとも違う存在になる。そしてぼくはきみにとってかけがえのないものになるんだ……」

「ぼく、わかりかけてきたような気がするよ」小さな王子さまは言った。「昔、花がいて……その花がぼくをとりこにしたと思ったんだ……」

「ありうることだな」キツネは言った。「地球ではいろんなことが可能なんだ」

「ああ！ 地球で起きたんじゃないよ」小さな王子さまは言った。キツネは面白そうに王子さまをながめた。

"다른 행성에서 일어난 일이야?"

"맞아."

"그 행성에는 사냥꾼이 있어?"

"아니."

"재미있네! 닭은 있어?"

"아니."

"완벽이란 없는 거구나." 여우는 한숨을 쉬었다.

여우는 다시 이야기로 돌아갔다. "내 생활은 단조로워. 나는 닭을 사냥하고 사람들은 나를 사냥해. 닭한테는 누구든 마찬가지로 보일 테지. 사람도 마찬가지로 보일 거야. 그러니까 지루하다는 거야. 하지만 만일 네가 나를 길들여준다면 내 인생은 햇빛으로 가득하게 될 거야. 다른 사람의 발소리가 들리면 나는 부리나케 도망칠 거야. 하지만 그게 네 발소리라면 음악처럼 들릴 거야. 나는 나와서 너에게 인사를 하지. 자, 보라고! 저쪽에 밀밭이 보이지? 나는 빵을 먹지 않으니까 밀 따위 아무래도 상관없어. 밀을 본다고 해서 무슨 생각이 나지 않거든. 그건 말이야 슬픈 일이야. 하지만 너의 머리카락이 금빛이야. 그런 네가 내 마음을 열어 길들여준다면 멋진 일이지 않니? 금빛 밀을 보면 나는 너를 생각할 거야. 그리고 밀밭 속에서 출렁이는 바람 소리에 도취될 거야……"

여우는 갑자기 입을 다물고 오랫동안 어린 왕자님을 바라봤다.

이윽고 여우는 말했다. "부탁이야…… 나를 길들여줘!"

"나도 무척이나 그러고 싶어." 어린 왕자님은 대답했다. "하지만 시간이 없어. 친구를 만들어야 하고, 알아야 할 것도 많다고."

■사냥꾼 猟師、狩人　■부리나케 大急ぎで　■출렁이다 揺れる　■도취되다 陶酔する、酔う

「違う惑星で起きたのかい？」

「そうだよ」

「その惑星には猟師がいるかい？」

「いいや」

「面白いなあ！　ニワトリはいるかい？」

「いいや」

「完ぺきなものはないんだな」キツ
ネはため息をついた。

　キツネはまた話し始めた。「ぼくの
生活は単調さ。ぼくはニワトリを狩る、人はぼくを狩る。ニワトリはどれも
同じに見えるし、人も同じに見える。だから、退屈するんだな。でも、もし
きみがぼくをなつかせてくれたら、ぼくの人生はお日さまでいっぱいになる
よ。ほかの人間の足音が聞こえたら、ぼくは走って隠れるさ。でもきみの足
音なら、音楽みたいに聞こえるよ。ぼくは出てきてきみに挨拶する。ほら、
ごらんよ！　向こうに麦畑が見えるだろう？　ぼくはパンを食べないから、麦
なんてどうでもいいんだ。麦を見ても、何も思わない。それって悲しいこと
だよ。でもきみの髪は金色だ。そのきみが、ぼくの心を開いてなつかせてく
れたら、すてきだろうなあ！　金色の麦を見たら、ぼくはきみのことを思う
よ。そして、麦のあいだに揺れる風の音に聞きほれるんだ……」

　キツネはふと黙ると、長いこと小さな王子さまを見つめた。

　ついにキツネは言った。「頼むよ……ぼくをなつかせて！」

　「ぼくもとってもそうしたいよ」小さな王子さまは答えた。「だけど、時間
がないんだ。友達をつくらなきゃいけないし、知らなきゃいけないこともた
くさんある」

"우리는 말이야, 길들인 것, 유대를 맺은 것 말고는 진정으로 알 수가 없어." 여우는 말했다. "사람들은 시간이 너무 없어져서 진실에 대해서는 아무 것도 알 수가 없게 됐어. 가게에 가서 완성된 물건을 사. 하지만 친구를 살 수 있는 가게는 없으니까 더 이상 친구도 없는 거야. 친구를 원한다면 내 마음을 열게 해줘!"

"어떻게 하면 돼?" 어린 왕자님은 물었다.

"꽤 오랫동안 참을 수 있어야 해." 여우는 말했다. "먼저, 내가 꽤 멀리 떨어진 풀숲에 앉을 거야. 나는 너를 주의 깊게 관찰하지만 너는 한마디도 하지 않아. 오해라는 건 전부 대화 속에서 생기는 거니까. 하지만 너는 매일, 조금씩 나랑 가까운 곳으로 움직여 앉을 수 있어……"

다음 날, 어린 왕자님은 돌아왔다.

"매일, 같은 시간에 돌아오는 게 좋아." 여우가 말했다. "네가 언제나 낮 4시에 오니까 나는 3시쯤부터 즐거워질 거야. 4시가 다가올수록 더 즐거워지지. 4시가 되면 나는 벌써 신이 나 있을 걸. 행복이 뭔지는 잘 몰라! 하지만 네가 매일 다른 시간에 온다면 즐거워질 준비를 언제 시작해야 할지 알 수가 없어……. 관례라는 게 필요해."

"관례가 뭔데?" 어린 왕자님은 물었다.

"그것도 너무나 많은 사람들이 잊어버린 거야." 여우는 말했다. "관례라는 것은 하루가 다른 날과 다르고, 한 시간이 다른 시간과 달라지도록 하는 거야. 가령 나를 사냥하는 사냥꾼들에게도 관례가 있어. 매주 목요일에는 마을 아가씨들과 춤추러 가지. 그러니까 목요일은 매주 천국이야! 나는 어디에서나 산책을 할 수 있어. 하지만 만일 사냥꾼들이 언제든 춤을 출

■관찰하다 観察する ■오해 誤解 ■신이 나다 うきうきする ■관례 慣例、ならわし

「ぼくたちは、なつかせたもの、きずなを結んだものしか、本当に知ることはできないんだよ」キツネは言った。「人間たちは時間がなくなりすぎて、本当のことを何も知ることができないでいる。店に行って、できあがったものを買う。でも友達を買える店はないから、もう友達もいないんだ。友達がほしいなら、ぼくの心を開かせておくれ！」

「どうすればいいの？」小さな王子さまはたずねた。

「うんと辛抱強くあることだな」キツネは言った。「まず、ぼくからかなり離れて草の中にすわるんだよ。ぼくはきみを注意深く観察する。きみは一言も言わない。誤解っていうものはぜんぶ、話すことで起こるんだからね。でもきみは毎日、少しずつぼくの近くにすわれるようになる……」

翌日、小さな王子さまは戻ってきた。

「毎日、同じ時間に戻ってきたほうがいいね」キツネが言った。「きみがいつも昼の４時に来たら、ぼくは３時ごろから嬉しくなるよ。４時に近づけば近づくほど、嬉しくなるんだ。４時になったら、ぼくはもう有頂天になってるだろう。幸せとはどんなものかを知るんだ！　でもきみが毎日違う時間に来たら、嬉しくなる準備をいつ始めていいのかわからないよ……。ならわしがいるんだ」

「ならわしってなんだい？」小さな王子さまがたずねた。

「これも、あまりにもたくさんの人が忘れてることさ」キツネは言った。「ならわしっていうのは、一日がほかの日と、一時間がほかの時間と違うようにすることさ。たとえば、ぼくを狩る猟師たちにもならわしがある。毎週木曜日には村の娘たちと踊りに行くんだ。だから、木曜日は毎週、天国さ！　ぼくはどこでも散歩できる。でももし猟師たちがいつも踊ってたら、毎日は他

수 있다면 매일이 다른 날과 같아서 나에게 편히 쉬는 날 따위는 존재하지 않게 돼."

이렇게 어린 왕자님은 여우를 길들였다. 이윽고 왕자님이 출발할 때가 되자 여우는 말했다.

"아아! 나는 울 거야……"

"너 때문이야." 어린 왕자님은 대답했다. "너에게 상처를 입히고 싶지 않았어. 하지만 네가 길들여달라고 해서……"

"물론이야." 여우는 말했다.

"그래도 울잖아!"

"물론"

"그러면 너에게는 뭔가 좋은 일이 있었어? 어째서 이런 일을 한 거야? 무슨 이유로?" 어린 왕자님은 물었다.

"이유는 밀의 금빛에 있어." 여우는 대답했다.

그리고 덧붙였다.

"돌아가서 장미 정원을 한 번 봐보라고. 너의 장미가 둘도 없는 것이었다는 것을 알게 될 테니까. 그리고 나에게 작별 인사를 하러 와. 그러면 너에게 비밀을 가르쳐줄게. 그게 내가 너에게 주는 선물이야."

■이윽고 やがて　■상처를 입히다 傷つける　■작별 인사 別れのあいさつ

の日と同じで、ぼくは休日なんか取れなくなっちゃうよ」

　こうして、小さな王子さまはキツネをなつかせた。やがて王子さまの出発
するときが来て、キツネは言った。
　「ああ！　ぼくは泣くよ……」
　「きみのせいなんだよ」小さな王子さまは答えた。「きみを傷つけたくなか
ったんだ。でもきみが、なつかせてって言ったから……」
　「もちろんさ」キツネは言った。
　「でも泣くんじゃないか！」
　「もちろん」
　「だったら、きみには何のいいことがあるんだい？　どうしてこんなことを
したの？どんな理由で？」小さな王子さまはたずねた。
　「理由は、麦の金色にある」キツネは答えた。
　そして付けくわえた。
　「戻っていって、バラ園を見てきたらいい。きみのバラがかけがえのない
ものだってわかるから。それからぼく
にさよならを言いに来て。そうした
らきみに秘密を教えてあげよう。
それがぼくからの贈り物だ」

어린 왕자님은 돌아와서 장미 정원의 장미를 봤다.

"너희들은 내 장미와 전혀 닮지 않았어. 비교할 가치도 없어." 왕자님은 장미들에게 말했다. "아무도 너희들을 길들인 일이 없었고 너희는 아무에게도 길들여지지 않았어. 내 여우는 옛날에 너희들과 같았어. 다른 수천의 여우와 마찬가지인 평범한 여우였어. 하지만 내가 여우를 친구로 삼았더니 지금은 세상에서 그와 같은 여우는 하나도 없어졌어."

장미들은 기분이 나빠졌다.

"너희는 아름다워, 하지만 텅 비었어." 어린 왕자님은 장미들에게 말했다. "아무도 너희들을 위해 죽지 않아. 물론 보통 사람에게는 내 장미도 너희와 같아 보일 거야. 하지만 나는 너희들 전부보다 내 장미가 소중하다는 걸 알았어. 왜냐하면 내가 소중히 여겨왔던 것은 그 장미니까. 내가 덮개를 씌워서 추위에서 지켜주고 애벌레를 (나비가 될 수 있도록 남긴 두세 마리 이외에는) 해치워줬던 것은 그 장미를 위해서야. 나와 이야기하고 나와 조용히 살았던 것은 그 장미야. 내 장미였으니까."

그리고 어린 왕자님은 여우가 있는 곳으로 돌아갔다.

"잘 있어" 어린 왕자님은 말했다.

"잘 가" 여우도 말했다. "내 비밀을 가르쳐줄게. 매우 간단한 거야. 우리는 마음의 눈으로 보지 않는 한 아무것도 확실히 보이지 않아. 가장 중요한 것은 눈에 보이지 않아."

"가장 중요한 것은 눈에 보이지 않아." 어린 왕자님은 되풀이했다. 어떻게든 기억해두고 싶었다.

■기분이 나쁘다 気分が悪い　■소중하다 大切だ　■해치우다 やっつける

　小さな王子さまは戻っていって、バラ園のバラを見た。

　「きみたちは、ちっともぼくのバラに似てないね。くらべものにならないよ」王子さまはバラたちに言った。「だれも、きみたちをなつかせたことはなかったし、きみたちも、だれもなつかせたことがないんだ。ぼくのキツネは、昔はきみたちのようだった。ほかの何千のキツネと同じただのキツネだった。でもぼくがキツネを友達にしたから、今じゃ、世界中で彼みたいなキツネは他にいないんだ」

　バラたちは気をわるくした。

　「きみたちは美しいよ、でも空っぽだ」小さな王子さまはバラたちに言った。「だれもきみたちのためには死なないよ。もちろん普通の人には、ぼくのバラもきみたちと同じように見えるだろうね。でもぼくは、きみたちぜんぶよりも、ぼくのバラが大切だってわかってるよ。だって、ぼくが大切にしてきたのは、このバラなんだからね。ぼくがケースをかぶせ、寒さから守ってやり、毛虫を（蝶になるように残した2、3匹以外は）やっつけてあげたのは、このバラのためなんだ。ぼくとおしゃべりをして、ぼくと静かにいたのはこのバラなんだ。ぼくのバラだからだ」

　そして小さな王子さまはキツネのところに戻った。

　「さよなら」小さな王子さまは言った。

　「さよなら」キツネも言った。「ぼくの秘密を教えてあげるよ。とっても簡単なことなんだ。ぼくたちは、心の目で見ない限り、何もはっきりと見えないんだ。一番大切なものは、目に見えないんだよ」

　「一番大切なものは、目に見えない」小さな王子さまは繰り返した。どうしても憶えておきたかったのだ。

"네가 장미를 위해 들인 시간, 그게 장미를 이렇게 소중하게 만든 거야."

"내가 장미를 위해서 들인 시간……" 어린 왕자님은 되풀이했다. 이것을 기억해두고 싶었으니까.

"사람은 이런 진실을 잊어버렸어." 여우는 말했다. "하지만 너는 잊어서는 안 돼. 네가 길들인 것, 마음을 열게 해준 상대에게 너는 영원히 책임이 있어. 너의 장미에게 책임이 있듯이……"

"나는 장미에게 책임이 있어……" 어린 왕자님은 되풀이했다. 기억해두고 싶었으니까.

제 22 장

"안녕" 어린 왕자님은 말했다.

"안녕" 기차의 선로를 변경하는 이가 말했다.

"여기에서 뭘 하는 거야?" 어린 왕자님은 물었다.

"여행자들을 여기저기로 이동시키고 있어. 한 번에 수천 명이나 움직이지." 선로를 변경하는 이가 말했다. "여행자가 탄 기차를 움직여. 오른쪽으로 가는 기차도 있고 왼쪽으로 가는 기차도 있거든."

그때, 조명을 잔뜩 단 특급열차가 달려나갔다. 천둥 같은 소리를 내며 그들이 있는 작은 건물을 뒤흔들었다.

■선로 線路　■변경하다 変更する　■조명 照明　■특급열차 特急列車　■천둥 雷

「きみがバラのために費やした時間、それがバラをこんなに大切にしたんだ」

「ぼくがバラのために費やした時間……」小さな王子さまは繰り返した。これを憶えておきたかったからだ。

「人は、この真実を忘れてしまった」キツネは言った。「でもきみは忘れちゃいけない。きみは、なつかせたもの、心を開かせた相手には、永久に責任があるんだ。きみのバラに、責任がある……」

「ぼくはバラに責任がある……」小さな王子さまは繰り返した。憶えておきたかったから。

第22章

「おはよう」小さな王子さまは言った。

「おはよう」列車の信号手は言った。

「ここで何をしてるの?」小さな王子さまはたずねた。

「旅行者をあちこちに移動させるのさ。一度に何千人も動かすんだよ」線路のポイントを切りかえる信号手は言った。「旅行者の乗った列車を動かすんだ。右へ行く列車もあるし、左へ行く列車もある」

その時、明かりを一杯つけた特急列車が走り去った。雷みたいな音をとどろかせながら、信号手の小屋を震わせていった。

"저 사람들, 서두르고 있는 건가." 어린 왕자님은 말했다. "모두가 뭘 찾는 거야?"

"그건 기차 운전사도 몰라." 선로를 변경하는 이가 대답했다.

두 대째 기차가 서둘러 지나쳐 갔다. 이번에는 반대 방향으로 갔다.

"저 사람들, 벌써 돌아가는 거야?" 어린 왕자님은 물었다.

"같은 사람들이 아니야." 선로를 변경하는 이는 말했다. "저건 스쳐 지나간 거야."

"자기가 있던 곳에서 행복하지 않았기 때문에?"

"자기가 있던 장소에서 만족하는 사람은 없어." 선로를 변경하는 이는 대답했다.

세 대째 기차가 지나쳐 갔다.

"저 사람들, 첫 번째 여행자를 따라잡으려고 하는 거야?" 어린 왕자님은 물었다.

"아무것도 하려 하지 않아." 선로를 변경하는 이는 대답했다. "기차 안에서는 자거나 하품을 하지. 창문에 얼굴을 갖다 대는 것은 아이들뿐이야."

"아이들만이 무엇을 찾고 있는지 알고 있어." 어린 왕자님은 말했다. "아이들은 시간을 들여서 인형을 돌봐주잖아. 그러면 그 인형이 매우 소중해져. 그래서 만일 그 인형을 빼앗아가면 우는 거야……"

"그 아이들은 행운아야." 선로를 변경하는 이는 말했다.

■스쳐 지나가다 すれ違う　■따라잡다 追いつく　■갖다 대다 つける、持ってくる　■행운아 幸運児、幸せ者

「あの人たち、急いでるんだね」小さな王子さまは言った。「みんな、何を探してるの？」

「それは、列車の運転士も知らないんだよ」信号手は答えた。

2台目の列車が、急いで通り過ぎた。今度は反対方向へ進んでいった。

「あの人たち、もう帰っていくの？」小さな王子さまはたずねた。

「同じ人たちじゃないよ」信号手は言った。「あれは、すれ違ったんだ」

「自分のいた所で幸せじゃなかったから？」

「自分のいる場所で満足する人はいないね」信号手は答えた。

3台目の列車が通り過ぎた。

「あの人たち、1台目の旅行者に追いつこうとしてるの？」小さな王子さまはたずねた。

「何もしようとしてないよ」信号手は答えた。「列車の中では寝るか、あくびするかなのさ。窓に顔を押し付けているのは子どもたちだけだよ」

「子どもたちだけが、何をさがしているのかわかっているんだね」小さな王子さまは言った。「子どもたちは、時間をかけて人形の世話をやく、そうすると、その人形がとても大切になる。だからもしその人形を取り上げられたら、泣くんだ……」

「その子たちはラッキーなのさ」信号手は言った。

제 23 장

"안녕" 어린 왕자님은 말했다.

"안녕" 판매원은 말했다.

이 판매원은 특수한 진통제를 팔고 있었다. 그것을 먹으면 목에서 갈증을 느끼지 않게 된다. 매주, 한 알씩 먹으면 물을 전혀 마시지 않아도 된다는 것이다.

"어째서 이 진통제를 파는 거야?" 어린 왕자님은 물었다.

"아주 많은 시간이 절약되니까." 판매원은 말했다. "과학자들이 계산한 거야. 이 진통제로 매주 53분을 절약할 수 있어.

"그 53분으로 뭘 하지?"

"뭐든 하고 싶은 일을 하지……"

"만일 53분이 있다면 나는 깨끗한 물이 나오는 우물을 향해 천천히 걸어갈 거야." 어린 왕자님은 중얼거렸다.

■진통제 鎮痛劑(本文では「錠剤」を表している) ■갈증 渇き ■우물 井戸

第 2 3 章

「おはよう」小さな王子さまは言った。

「おはよう」セールスマンは言った。

　このセールスマンは、特殊な錠剤を売っていた。これを飲むと、のどの渇きを感じなくなる。毎週、一錠ずつ飲めば、水を全く飲まなくてもいいのだ。

「どうしてこの錠剤を売ってるの？」小さな王子さまはたずねた。

「ものすごく時間が節約できるからさ」セールスマンは言った。「科学者たちが計算したんだ。この錠剤で、毎週53分の節約になる」

「その53分で何をするの？」

「何でも、やりたいことをやるのさ……」

「もし53分あったら、ぼくなら、きれいな水の出る井戸にゆっくりと歩いていくけどなあ」小さな王子さまはつぶやいた。

제 24 장

내 비행기가 추락한 지 8일이 지났다. 어린 왕자님이 판매원에 대해 이야기하는 것을 들으면서 나는 마지막 남은 물 한 방울을 마셨다.

"아아!" 나는 어린 왕자님에게 말했다. "너의 추억담은 굉장히 흥미진진해. 하지만 비행기는 수리가 끝나지 않았어. 물도 더는 없어. 담수가 나오는 우물을 향해 천천히 걸어갈 수 있다면 그거야말로 나를 기쁘게 할 거야!"

"내 친구 여우가 한 말에는……"

"하지만 너 말이야. 지금은 여우랑 전혀 상관 없잖아!"

"왜?"

"왜라니, 우리는 목 말라 죽을 거니까……"

왕자님은 이해할 수 없었다. 그리고 말했다. "만일 죽더라도 우정을 키워두는 게 좋을 거라는 것뿐이야. 나는 여우랑 친구가 되어서 정말로 기뻐……"

"왕자님은 지금 얼마나 위험한지 이해하지 못해." 나는 마음속으로 생각했다. "배가 고프거나 목이 마르거나 하는 일이 없으니까. 햇빛이 조금이라도 있으면 살 수 있으니까……"

하지만 왕자님은 내 쪽을 보고는 내가 생각하고 있는 것에 대해서 정성껏 답했다.

■추억담 思い出話　■담수 淡水、真水　■정성껏 답하다 心を込めて答える

第 24 章

　ぼくの飛行機が墜落してから 8 日たった。小さな王子さまがセールスマンの話をするのを聞きながら、ぼくは残った水の最後の一滴を飲んだ。

　「ああ！」ぼくは小さな王子さまに言った。「きみの思い出話にはとても興味を引かれるよ。でも飛行機は修理できてない。水も、もうない。真水の出る井戸へゆっくりと歩いていけたら、ぼくはそれこそ嬉しいだろうよ！」

　「ぼくの友達のキツネが言ったことには……」
　「でもきみ、キツネとは全く関係ないんだ！」
　「なぜ？」
　「なぜって、ぼくらはのどが渇いて死んでしまうからさ……」
　王子さまにはわからなかった。そして言った。「もし死ぬとしても、友情を培っておいたのはいいことだよ。ぼくは、キツネと友達になったこと、本当に嬉しいよ……」

　「王子さまは、この危険がわかっていない」ぼくは心の中で思った。「腹が減ったり、のどが渇いたりということがないんだ。お日さまがほんの少しあれば、生きていけるんだ……」

　しかし、王子さまはこちらを見て、ぼくの思っていることにちゃんと答えた。

"나도 목이 말라…… 담수가 나오는 우물을 찾으러 가자……"

피로감이 몰려왔다. 사막 한가운데에서 우물을 찾는다니 바보 같은 일이었다. 이 사막은 거대하다. 어디에서부터 찾으면 될지 짐작조차 할 수 없었다. 하지만 어쨌든 우리는 걷기 시작했다.

몇 시간이나 우리는 그저 걷기만 할 뿐 한마디도 하지 않았다. 밤이 되어 별이 떴다. 나는 너무 목이 말라 기분이 나빠졌다. 모든 게 꿈 속에서 일어난 일 같다. 어린 왕자님의 말이, 내 머릿속에서 춤을 춘다.

"그럼, 너도 목이 마르다는 거네?" 나는 물었다.

하지만 왕자님은 대답하지 않았다. 그저 이렇게 말할 뿐이었다.

"물은 마음에도 좋아……"

나는 이해할 수 없었다. 그렇지만 그게 무슨 뜻인지 묻거나 하지 않았다……. 그럴 필요가 없다는 것을 알고 있었으니까.

왕자님도 피곤한지 주저앉았다. 나도 옆에 앉았다. 잠시 후에 왕자님은 말했다.

"별은 예뻐. 여기에서는 보이지 않는 꽃이 어딘가에서 한 송이 피어 있으니까……"

"맞아" 나는 말하고 나서 달에 비친 모래의 기복을 응시했다.

"사막은 아름다워." 어린 왕자님이 말했다.

맞는 말이다. 나는 언제나 사막을 사랑했다. 사막에서는 모래 위에 앉는다. 아무것도 보이지 않아. 아무것도 들리지 않아. 그런데 무엇인지 아름다운 것이 정적을 가득 채우고 있어…….

"사막은 아름다워." 어린 왕자님이 말했다. "어딘가 우물이 숨겨져 있으니까."

■짐작조차 할 수 없다 推測すらできない、見当すらつかない　■기복 起伏　■정적 静寂

「ぼくものどが渇いたよ……。真水の出る井戸を探しに行こう……」

ぼくは疲れを感じた。砂漠の中で、井戸を探すなんてばかばかしいと思った。この砂漠は巨大だ。どこから探せばいいのか見当もつかない。でもとにかく、ぼくらは歩き始めた。

何時間も、ぼくらはただ歩いて、一言もしゃべらなかった。夜になって、星が出た。ぼくはあんまりのどが渇いて、気分がわるくなった。何もかもが夢の中のできごとのようだ。小さな王子さまの言葉が、ぼくの頭のなかで踊る。

「じゃ、きみものどが渇いてるんだね?」ぼくはたずねた。

でも王子さまは答えなかった。ただ、こう言っただけだった。

「水は心にもいいんだよ……」

ぼくにはわからなかった。それでも、どういう意味かと聞いたりしなかった……。その必要がないことは、わかっていたから。

王子さまは疲れて、すわり込んだ。ぼくも隣にすわった。しばらくして、王子さまが言った。

「星はきれいだ。ここからは見えない花が、どこかで一輪咲いているからだね……」

「そうだね」ぼくは言って、月に照らされた砂の起伏を見つめた。

「砂漠は美しい」小さな王子さまが言った。

そのとおりだった。ぼくはいつも砂漠を愛してきた。砂漠では、砂の上にすわるのだ。何も見えない。何も聞こえない。なのに、何か美しいものが静寂を満たすのだ……。

「砂漠は美しい」小さな王子さまが言った。「どこかに井戸が隠されているから」

갑자기 사막이 왜 그토록 아름다운지 이해가 됐다. 어렸을 때, 나는 아주 오래된 집에 살았다. 그 집 어딘가에 보물이 숨겨져 있다는 얘기를 쭉 듣고 살았다. 물론 아무도 발견하지는 못했다. 진지하게 찾은 사람도 없었던 것 같다. 그렇지만 보물에 대한 이야기가 집안을 충만하게 하고 아름답게 만들었다. 우리 집은 보이지 않는 중심부 깊은 곳에 비밀을 숨기고 있었다…….

"맞아." 나는 어린 왕자님에게 말했다. "우리가 얘기하는 것이 집에 대해서든, 별에 대해서든, 사막이든 상관없어 ― 그것들을 아름답게 만드는 것은 눈에 보이지 않아!"

"네가, 내 친구 여우와 같은 생각을 해준다니 기뻐." 왕자님은 말했다.

그리고 어린 왕자님은 잠들었다. 나는 그를 안아 올렸다. 왕자님을 안고 걸었다. 나는 가슴이 벅차올랐다. 부서질 것 같은 보물을 안고 있는 기분이었다. 이 지상에서 이만큼 섬세하고 부서지기 쉬운 존재는 없을 것 같았다. 달빛에, 나는 그 창백한 얼굴과 닫힌 눈, 바람에 살짝 흔들리는 머리카락을 응시했다. 나는 마음속으로 생각했다. "지금 보고 있는 것은 바깥 쪽 껍데기에 지나지 않아. 가장 중요한 부분은 눈에 보이지 않아……"

잠결에 반쯤 웃는 듯한 왕자님의 입술을 보면서 나는 생각했다. "어린 왕자님이 지닌 자기 꽃에 대한 진실한 사랑이 내 마음을 충만하게 해. 왕자님의 사랑은, 램프 빛처럼, 나의 내면에서 빛을 발해. 잠들어 있을 때마저도 빛나고……" 그랬더니, 왕자님이 훨씬 더 부서지기 쉬운 존재로 여겨지는 것이다. 이 빛은 지켜내야 한다. 잔잔한 바람에도 꺼져버릴지도 모르니까…….

그날 아침 일찍, 나는 우물을 발견했다.

■충만하다 充満する　■(가슴이) 벅차오르다 (胸が)いっぱいになる　■껍데기 殻　■잔잔한 바람 穏やかな風

　突如としてぼくは、砂漠がなぜ美しいかを理解した。子どもだったころ、ぼくはとても古い家に住んでいた。その家のどこかに宝物が隠されているらしいとずっと言われてきた。もちろん、だれも見つけたものはいない。真剣に探した人もいなかったのだろう。それでも、この宝物の言い伝えが家を満たし、美しくした。ぼくの家は、見えない中心部の奥深く、秘密を隠していたのだ……。

　「そうだ」ぼくは小さな王子さまに言った。「ぼくらの話していることが家でも、星でも、砂漠でも関係ない——それらを美しくしているものは、目には見えないんだ！」

　「きみが、友達のキツネと同じことを考えていてくれてうれしいよ」王子さまは言った。

　そして、小さな王子さまは眠りに落ちた。ぼくは彼を抱き上げた。王子さまを抱きかかえて、歩いた。ぼくは胸がいっぱいだった。こわれそうな宝物を抱えている気がした。この地上で、これほど繊細でこわれやすいものはないような気がした。月明かりに、ぼくはその青白い顔や、閉じた眼、風にかすかに揺れる髪を見つめた。ぼくは心の中で思った。「今見ているのは、外側の、殻にすぎないんだ。一番大切な部分は目には見えないんだ……」

　眠りの中で、半分笑ったような王子さまの唇を見ながら、ぼくは思った。「小さな王子さまの持つ、自分の花への本物の愛が、ぼくの心を満たす。王子さまの愛は、ランプの光みたいに、彼の内側から光を放ってる。眠っているときでさえ輝いて……」そうすると、王子さまはなおいっそう、こわれやすいものに思えるのだった。この光は守らなければならない。ほんのかすかな風で消えてしまうかもしれないのだから……。

　その日の早朝、ぼくは井戸を見つけた。

覚えておきたい韓国語表現

시간이 너무 없어져서 진실에 대해서는 아무 것도 알 수가 없게 됐어.
（p.166, 2–3行目）

時間がなくなりすぎて、本当のことを何も知ることができないでいる。

【解説】「-아/어지다」（〜になる、〜くなる）は、時間が経つにつれてある状態が変わっていくことを表します。主に形容詞の後ろに付きます。

【例文】

무게가 가벼워졌다는 증거일까. / 이상『날개』
重さが軽くなったという証拠だろうか。/ イ・サン『翼』

날은 갑자기 추워졌다. / 이태준『꽃나무는 심어 놓고』
天気は急に寒くなった。/ イ・テジュン『花の咲く木を植えておいて』

약간 얼굴조차 붉어졌던 것이다. / 박태원『수염』
少し顔さえ赤くなったのだ。/ パク・テウォン『ひげ』

4시가 다가올수록 더 즐거워지지. （p.166, 下から11–10行目）

4時に近づけば近づくほど、嬉しくなるんだ。

【解説】「ㄹ/을수록」（〜するほど）は、先行節の内容や程度が強まっていくことで、後続節の内容や程度も強まる、またはその逆になることを表します。

【例文】

경찰서 문 앞을 나설 때와 달라 집이 가까워질수록 걸음이 무거웠다. / 이태준『촌뜨기』
警察署のドアの前を出るときとは違って、家が近づくほど足取りが重かった。/ イ・テジュン『田舎者』

생각할수록 그것은 어처구니없는 이야기였다. / 이무영『농민』
考えれば考えるほどそれはとんでもない話だった。/ イ・ムヨン『農民』

가슴 아픈 일이 쌓일수록 머리엔 흰 털이 늘고 / 김동리『실존무』
胸の痛むことが積もるほど頭には白い毛が増え / キム・ドンニ『実存舞』

> 매주 목요일에는 마을 아가씨들과 춤추러 가지. (p.166, 下から3-2行目)
> 毎週木曜日には村の娘たちと踊りに行くんだ。

【解説】「-(으)러 가다/오다」(〜しに行く/来る) は、前の行動を成し遂げるために後の場所に移動することを表します。

【例文】

노름을 해서 돈이 생겼으니 술을 먹으러 가자고 하였다. / 김동리『황토기』
博打をして金ができたから酒を飲みに行こうと言った。/ キム・ドンニ『黄土記』

밥을 먹으러 들어갈 수도 없었다. / 이태준『복덕방』
ご飯を食べに行くこともできなかった。/ イ・テジュン『不動産屋』

약속대로 저편에서 이자를 받으러 왔다. / 박태원『채가』
約束どおり向こうから利子をもらいに来た。/ パク・テウォン『債家』

> 너의 장미가 둘도 없는 것이었다는 것을 알게 될 테니까.
> (p.168, 下から3-2行目)
> きみのバラがかけがえのないものだってわかるから。

【解説】「-ㄹ/을 테니까」(〜するから) は、話し手の意志や推測を表す表現「-ㄹ/을 터이다」(〜するはずだ) に、理由を表す「-(으)니까」(〜だから) が付いて作られた表現です。後続節には主に話し手が提案したり助言したりする言葉が来ます。先行節では後続節の提案や助言の理由を推測して先に述べます。

【例文】

서로가 돈도 모았을 때일 테니까 모이는 장소도 돈을 좀 들여서 그럴듯한 곳으로 할 수 있다. / 최인훈『회색인』
お互いにお金を貯めたときだろうから、集まる場所もお金を少しかけてなかなかすてきなところにできる。/ チェ・インフン『灰色人』

어머니가 떠나시려면 비용도 들 테니까 집은 남 빌려 주자고 말씀드렸어. / 강신재『젊은 느티나무』
母が、出るには費用もかかるから家は人に貸してあげようと言ったの。/ カン・シンジェ『若いケヤキ』

순수했다는 소리 하나는 들을 수 있을 테니까. / 이호철 『소시민』

純粋だったという話だけは聞けるから。/ イ・ホチョル『小市民』

마음의 눈으로 보지 않는 한 아무것도 확실히 보이지 않아.
（p.170, 下から4行目）

心の目で見ない限り、何もはっきりと見えないんだ。

【解説】「－는 한」（～する限り）は、先行節が後続節の内容に対する前提や条件になる場合に使います。必ず動詞の後ろに付きます。

【例文】

일 미터 이내에 있지 않는 한 모른 척해 버려도 결코 실례가 되지 않을 만큼 어두웠다. / 서정인 『분열식』

1メートル以内にいない限り、知らんふりをしてしまっても、決して失礼にならないほど暗かった。/ ソ・ジョンイン『分列式』

법이 있는 한 저놈을 그냥 둘 수 없단 말이오. / 정한숙 『쌍화점』

法がある限りあいつを放っておくわけにはいかない。/ チョン・ハンスク『双花店』

별일 없는 한엔 회사가 파하면 집에 달려오거든요. / 최정희 『인맥』

大したことのない限りは会社の仕事が終わったら家に駆けつけてくるんですよ。/ チェ・ジョンヒ『人脈』

어떻게든 기억해두고 싶었다. （p.170, 下から2-1行目）

どうしても憶えておきたかったのだ。

【解説】「－든」（～しようが、～ても）は、「－든지」から「－지」が省略された形で、実際に起きる可能性がある様々なことの中で、何が起きても後続節の内容が成立するのに関係がないことを表すときに使います。

【例文】

어쨌든 이따 여섯시에 거기 가서 기다리겠어요. / 염상섭 『삼대』
とにかく後で6時にそこに行って待ちます。 / ヨム・サンソプ『三代』

나라는 어떻게 되든 제 배만 불렀음 되구 / 계용묵 『바람은 그냥 불고』
国はどうなっても私のお腹だけはいっぱいになる / ケ・ヨンムク『風はただ吹いて』

신철이와의 결혼을 어떻게 하든지 하루라도 속히 결정하여야겠다는 것이 염려가 되었다. / 강경애
『인간문제』
シンチョルとの結婚を何とかして一日でも早く決めなければならないということが心配になった。
/ カン・ギョンエ『人間問題』

잠들어 있을 때마저도 빛나고…… (p.182, 下から5-4行目)
眠っているときでさえ輝いて……

【解説】「-마저」(〜さえ、〜まで) は、否定的な表現で、名詞の後ろに付けて「ある事実に
その名詞も加える」ことを表します。「最後の一つでさえも」という意味を表すときに使い
ます。

【例文】

아버지마저 여의고 홀로 남은 아사녀 / 현진건 『무영탑』
父まで亡くなり、一人残されたアサニョ / ヒョン・ジンゴン『無影塔』

조용하게 흐르는 음악 소리마저 그에게는 지겨운 것으로 느껴지기 시작했다. / 최인훈 『회색인』
静かに流れる音楽の音さえ彼にはうんざりだと感じ始めた。 / チェ・インフン『灰色人』

표정마저 달라지는 것 같았다. / 박경리 『시장과 전장』
表情まで変わっているようだった。 / パク・キョンニ『市場と戦場』

韓国の小説家

　「覚えておきたい韓国語表現」の例文は、韓国の有名な小説に登場する文章を引用しました。主に20世紀の韓国近代文学を代表する小説家たちの作品です。その中から、ここではキム・ドンインとヨム・サンソプの二名を紹介します。

キム・ドンイン／金東仁 (1900–1951)

　1900年、平安南道・平壌（現在の北朝鮮の首都）で生まれました。1912年にキリスト教系列の小学校を卒業した後、1914年に日本に渡り、明治学院中学部と川端画学校で修学しました。1919年には日本で、韓国最初の文学同人誌「創造」を発刊し、初の短編小説『弱き者の悲しみ』を発表しました。当時はイ・グァンス (1892–1950) に代表される啓蒙主義文学が主流でしたが、キム・ドンインの作風は芸術至上主義的な傾向が強いという特徴があります。文学を倫理的・政治的基準で評価することを拒否したキム・ドンインは、文学とは芸術そのもので自足的でなければならないという観点を持っており、有美主義または耽美主義的作家と評されます。また、様々な小説形式を実験した作家でもあり、韓国近代文学の初期に小説家の独自性を強調し、小説を純粋芸術の境地に引き上げるのに貢献したと評価されています。1955年、文学的業績にちなんだ東仁文学賞が制定され、現在まで続いています。

ヨム・サンソプ／廉想渉 (1897–1963)

　1897年にソウルで生まれ、1912年に日本に渡り、慶応大学文学部で修学しました。1921年、韓国初の自然主義小説『標本室のアオガエル』を発表しました。1920年代当時、韓国文壇で二大勢力を形成した民族主義と社会主義の間で中立路線を堅持しようとしました。1931年に発表した長編小説『三代』は、植民地の現実を背景に家族内部の世代葛藤を描いた彼の代表作です。ヨム・サンソプは主にソウルの中産層の家で起きている葛藤や、1930年代に韓国に流入した様々な理念の相互関係とともに儒教社会から資本主義社会に変貌している現実を生き生きと描き出した作家と評価されています。

제 7 부
第 7 部

———————— ✳ ————————

제 25 장 – 제 27 장
第 25 章 – 第 27 章

🎧25 제 2 5 장

"사람들은 말이야. 기차를 타려고 서두르는 거지." 어린 왕자님은 말했다. "하지만 자기가 무엇을 찾고 있는지 모른다고. 그래서 화를 내는 거야. 그리고 같은 곳을 빙빙 맴돌아……"

왕자님은 말을 이었다.

"그렇게 해야 하는 이유가 하나도 없는데……"

우리가 발견한 우물은 사하라 사막에 있는 보통 우물과는 달랐다. 사막의 우물이라는 것은 대체로 모래에 구멍을 뚫기만 한 것이다. 그런데 이것은 마을에 있는 우물 같았다. 하지만 이 주변에 마을은 없다. 꿈을 꾸는 것일지도 모른다고 생각했다.

"불가사의해." 나는 어린 왕자님에게 말했다. "모든 게 다 갖춰져 있어. 도르래도, 두레박도, 로프도……"

왕자님은 웃으며 로프를 잡고 도르래를 움직이기 시작했다. 도르래는 오랜만에 바람을 받아 오래된 풍향계처럼 삐걱거리는 소리를 냈다.

"들려?" 왕자님은 말했다. "우리는 우물을 깨웠어. 지금은 봐, 보라고. 노래하고 있어……"

나는 왕자님 혼자 일을 하게 하고 싶지 않았다.

"내가 할게." 나는 말했다. "너에게는 너무 무거워."

■빙빙 맴돌다 ぐるぐる回る　■불가사의하다 不思議だ　■도르래 滑車　■두레박 つるべ　■풍향계 風向計

第 2 5 章

「人間たちって、列車に乗ろうとして急ぐんだね」小さな王子さまは言った。「でも、自分が何を探しているのかわからないんだ。だから、腹を立てる。そして、同じところをぐるぐると走り回るんだ……」

王子さまは続けて言った。

「そんなことをする理由は一つもないのにね……」

ぼくらが見つけた井戸は、サハラ砂漠にある普通の井戸とは違っていた。砂漠の井戸というものはたいてい、砂に穴を掘っただけのものだ。これは、村にある井戸のようだった。でもこのあたりに村はない。夢を見ているのかもしれないと思った。

「不思議だね」ぼくは小さな王子さまに言った。「何もかも、そろってる。滑車も、つるべも、ロープも……」

王子さまは笑って、ロープをつかみ、滑車を動かし始めた。滑車は、久しぶりの風を受けた古い風見鶏のように、きしんだ音を立てた。

「聞こえるかい？」王子さまは言った。「ぼくらは井戸を目覚めさせたんだ。今はほら、歌ってる……」

ぼくは、王子さまひとりに作業をやらせたくなかった。

「ぼくがやろう」ぼくは言った。「きみには重すぎるよ」

천천히 나는 두레박을 끌어올려 우물 가장자리에 올려놨다. 지금도 귀의 안쪽 깊은 곳에서 그 도르래의 노래가 들려온다. 수면에 반사된 태양빛이 보인다.

"이 물을 마시고 싶어." 왕자님은 말했다. "조금 마시게 해줘……"

그때 나는 왕자님이 찾는 게 무엇인지 알아냈다!

나는 두레박을 왕자님 입가에 가져갔다. 왕자님은 눈을 감은 채 물을 마셨다. 물은 달았다. 그것을 마시는 것 자체가 축제와 같았다. 이 물은 평범한 음료수가 아니었다. 그 물이 그렇게 달았던 것은 우리가 그곳까지 별이 쏟아지는 하늘 밑을 걸어갔고, 거기에서 도르래의 노래를 들으며 내가 팔에 힘을 줘서 끌어올렸기 때문이다. 이 물은 마음에 좋은 물이다. 마치 선물처럼. 어릴 적 크리스마스가 떠올랐다. 트리를 장식하는 많은 조명과 한밤중의 미사 음악이 우리 마음을 기쁨으로 가득 차게 해주었다. 그것이야말로 크리스마스의 선물이었다.

■가장자리 ふち、へり　■수면 水面　■축제 祝祭　■선물 贈り物

ゆっくりと、ぼくはつるべを引っ張り上げて、井戸のふちにのせた。今でも、耳の奥であの滑車の歌が聞こえる。水面に反射する太陽の光が見える。

「この水が飲みたい」王子さまは言った。「少し飲ませてよ……」
　この時、ぼくは、王子さまの探し物がわかったのだ！
　ぼくはつるべを王子さまの口元に持っていった。王子さまは目を閉じて、飲んだ。水は甘かった。それを飲むのは祝祭のようだった。この水は、ただの飲み水じゃない。これが甘いのは、ぼくらが星降る空の下を歩き、滑車が歌い、ぼくが腕に力を込めて汲んだからだ。この水は、心にいい水なのだ。贈り物みたいに。子どもの頃のクリスマスがよみがえってくる。ツリーを飾るたくさんの光や、真夜中のミサの音楽が、ぼくらの心を喜びで満たしてくれた。それこそが、クリスマスの贈り物だった。

어린 왕자님은 말했다. "이 행성 사람들은 단 하나의 정원에 5,000 그루의 장미를 심어…… 그런데도 찾고 있는 것을 찾지 못하고 있어……"

"못 찾지." 나는 답했다.

"찾는 물건은 단 한 송이 장미나 단 한 잔의 물 속에서 발견할 수 있는데……"

"정말이야." 나는 말했다.

"하지만 우리 눈에는 보이지 않아. 마음의 눈으로 봐야 해."

나는 물을 마신 덕분에 기분이 좋아졌다. 아침 햇살 속에서 사막의 모래는 꿀 빛을 띠었다. 나는 충만한 기분으로 그것을 바라보았다. 그런데 어째서 아직 슬픈 것일까?

"약속을 지켜줘." 왕자님은 내 옆에 앉아서 조용히 말했다.

"약속이라니, 무슨?"

"저기…… 내 양의 재갈 말이야…… 나한테 그 꽃에 대한 책임이 있으니까."

나는 주머니에서 그림을 꺼냈다. 어린 왕자님은 그것을 보고 웃기 시작했다.

"너의 바오밥나무는 양배추 같아."

"뭐라고!" 나는 바오밥 그림에 대해서는 꽤 자신이 있었다고!

"게다가 여우도…… 귀가…… 어쩐지 뿔 같지 않아…… 그런 데다 너무 길어!"

왕자님은 또 웃었다. 나는 말했다.

■꿀 はちみつ　■주머니 ポケット　■양배추 キャベツ　■게다가 それに、しかも

小さな王子さまは言った。「この惑星の人たちは、たった一つの庭に
5000本のバラを植える……それでも、探しているものを見つけられないん
だ……」

「見つけられないね」ぼくは応えた。

「探し物は、たった一本のバラや、たった一杯の水の中に見つけられるの
にね……」

「ほんとうだね」ぼくは言った。

「でもぼくらの目には見えない。心の目で見なければならないんだ」

ぼくは水を飲んだおかげで、気分がよくなっていた。朝の光の中で、砂漠
の砂ははちみつの色をしている。ぼくは満ち足りた気持ちでそれをながめ
た。なのになぜ、まだ悲しいのだろう?

「約束を守ってね」王子さまは静かに言った。ぼくの隣にすわっていた。

「約束って、なんの?」

「ほら……ぼくのヒツジの口輪だよ……。ぼくは、あの花に責任があるん
だ」

ぼくは、ポケットから絵を取り出した。小さな王子さまはそれを見て、笑
い始めた。

「きみのバオバブは、キャベツみたいだね……」

「えっ!」ぼくはバオバブの絵にはかなり自信があったのに!

「それにキツネも……耳が……ちょっと角みたいじゃないか……それに長
すぎるよ!」

王子さまはまた笑った。ぼくは言った。

"너, 너 말이야, 그건 공정하지 않아. 나는 원래 보아구렁이의 안과 겉모습밖에 그릴 수 없었단 말이야."

"그걸로 됐어." 왕자님은 말했다. "아이들은 이해할 수 있으니까."

나는 왕자님의 양에게 씌울 재갈을 그렸다. 하지만 내 마음은 왠지 슬픔으로 가라앉았다.

나는 왕자님에게 말했다. "나에게 얘기해주지 않은 계획이 있는 거지……"

하지만 왕자님은 대답하지 않았다. 대신에 이렇게 말했다.

"내일은, 내일은 말이지, 내가 지구에 내려온 지 1년이 돼……"

그리고 잠시 침묵하다가 이렇게 말했다.

"내가 떨어진 곳은 여기에서 상당히 가까워……" 왕자님의 얼굴은 옅은 복숭아 빛으로 물들었다.

이번에도 왠지 알 수 없는 심정으로, 기묘하게 가슴이 아파오는 것을 느끼며 물었다.

"그렇다면 내가 너를 처음 만났던 아침에 사막을 우연히 걸었던 게 아니었다는 거네? 떨어진 장소로 되돌아가려 했던 거네?"

어린 왕자님의 얼굴은 점점 붉은 빛을 더해갔다. 여전히 볼이 붉게 물들어 있었다. 나는 계속했다.

"분명 지구에 떨어진 지 1년이 되었으니까 되돌아가려 했던 거라고?"

왕자님은 내 질문에는 대답하지 않았다. 하지만 누군가 볼을 물들인다면 그것은 '응'이라는 대답이라고 하지 않았나?

"아아!" 나는 말했다. "나는 네가 걱정돼……"

하지만 왕자님은 말했다.

■침묵하다 沈黙する　■기묘하다 奇妙だ　■볼이 붉게 물들다 頬が赤く染まる　■걱정되다 心配だ

「きみ、きみ、それはフェアじゃないよ。ぼくはもともと、大蛇ボアの内と外しか描けないんだからね」

「それでいいんだよ」王子さまは言った。「子どもたちにはわかるよ」

ぼくは王子さまのヒツジにはめる口輪を描いた。でもぼくの心は、なぜか悲しみに沈んでいた。

ぼくは王子さまに言った。「ぼくに話してくれてない計画があるんだね……」

でも王子さまは答えなかった。代わりにこう言ったのだ。

「明日は、明日はね、ぼくが地球に落ちてきてから1年になるんだ……」

そして、少し黙ってからこう言った。

「ぼくが落ちたところは、ここからかなり近いんだ……」王子さまの顔は薄桃色に染まった。

今度も、なぜだかわからないまま、ぼくは奇妙な胸の痛みにおそわれて、たずねた。

「ということは、ぼくがきみに初めて会った朝、砂漠を偶然歩いていたわけじゃなかったのかい？ 落ちた場所へ戻ろうとしていたんだね？」

小さな王子さまの顔はいよいよ赤みが増した。まだ頬を染めている。ぼくは続けた。

「きっと、地球に落ちてから1年だから、戻ろうとしていたんだね？」

王子さまは、ぼくの質問には答えなかった。でも、だれかが頬を染めるとき、それは「うん」ということだよね？

「ああ！」ぼくは言った。「ぼくはきみのことが心配だ……」

でも王子さまは言った。

"너는 이제 가야 해. 돌아가서 비행기를 수리해. 나는 여기에서 기다릴게. 내일 밤에 돌아와……"

내 기분은 전혀 밝아지지 않았다. 여우를 떠올렸다. 마음을 열어 길들이기를 허락한다면 마음이 괴로워지는 위험도 감수해야 한다…….

 # 제 26 장

우물 옆에는 오래된 석벽이 세워져 있었다. 다음 날 밤에 내가 돌아갔을 때, 나의 어린 왕자님이 벽 위에 앉아 있는 것이 보였다. 그리고 이렇게 말하는 것이 들려왔다.

"기억나지 않아? 정확하게는 여기가 아니었어!"

누군가 그렇게 대답한 게 분명하다. 왕자님은 그 말을 받아 답하고 있었다.

"아아, 그래, 그랬어! 오늘이 그날이야. 하지만 장소는 여기가 아니야……"

나는 벽을 향해 계속 걸었다. 어린 왕자님 말고는 누구의 모습도 소리도 없었다. 하지만 왕자님은 또다시 이렇게 말했다.

"……물론이야. 모래 위에 내 발자취가 보여. 너는, 내가 오는 걸 기다리기만 하면 돼. 오늘 밤, 거기로 갈 테니까."

■위험을 감수하다 危険を覚悟する ■석벽 石壁 ■발자취 足跡

「きみはもう、行かなきゃ。戻って、飛行機の修理をして。ぼくはここで待ってるよ。明日の夜、戻ってきて……」

ぼくの気持ちはちっとも晴れなかった。キツネのことを思い出していた。心を開いてなつかせることを許したら、つらい気持ちになる危険も冒すんだ……。

第２６章

井戸のかたわらには、古い石の壁が立っていた。次の日の夜、ぼくが戻ると、ぼくの小さな王子さまが壁の上にすわっているのが見えた。そしてこう言うのが聞こえた。

「覚えていないの？ 正確にはここじゃなかったよ！」

だれかが答えたに違いない。王子さまは言い返している。

「ああ、そう、そうなんだ！ 今日がその日だよ。でも場所はここじゃない……」

ぼくは壁に向かって歩き続けた。小さな王子さま以外には、だれの姿も声もない。でも王子さまはまたこう言った。

「……もちろんだよ。砂の上にぼくの足跡が見えるよ。きみは、ぼくが来るのを待つだけでいいんだ。今晩、そこに行くから」

나는 벽에서 20 미터 떨어진 곳에 있었지만 그래도 아무도 보이지 않았다.

잠시 후에 왕자님이 물었다.

"네 것은 좋은 독이지? 너무 오래 괴로워하지 않아도 되는 거지?"

나는 멈춰섰다. 내 마음은 얼어붙었다. 하지만 아직 알 수 없었다.

"이제 가." 왕자님은 말했다. "이 벽에서 내려가고 싶어."

내가 벽 바닥으로 눈을 돌린 순간 화들짝 놀랐다! 30 초 만에 사람의 목숨을 빼앗을 수 있다는 노란색 뱀이 어린 왕자님을 올려보고 있었다. 나는 총을 손에 들고 벽을 향해 달렸다. 그 소리를 듣고 뱀은 느릿느릿 모래 위를 미끄러져 돌 사이로 사라져버렸다.

나는 벽에 도착해 왕자님을 팔로 감싸 안았다. 왕자님의 얼굴은 눈처럼 창백했다.

"무슨 일이야? 왜 뱀 따위랑 얘기를 한 거지?"

나는 왕자님의 목도리를 풀었다. 그리고 이마를 닦았다. 물을 조금 먹였다. 하지만 그 이상, 묻는다는 게 두려웠다. 왕자님은 나를 쳐다보고 양팔로 내 목에 매달렸다. 왕자님 가슴의 고동이 전해졌다. 총에 맞아 숨이 넘어갈 듯한 새의 고동 같았다. 왕자님은 말했다.

"네 비행기가 고쳐져서 다행이야. 이것으로 너는 집에 돌아갈 수 있어……"

"어떻게 알았어?" 나는 소리쳤다. 드디어 고쳤다고, 지금 말하려던 참이었으니까!

■화들짝 놀라다 はっと驚く　■느릿느릿 のろのろ　■가슴의 고동 胸の鼓動

　ぼくは、壁から20メートルのところに来ていた。それでも、だれも見えない。

　少ししてから、王子さまがたずねた。

　「きみのはいい毒なんだね？　あまり長く苦しまなくてもいいんだね？」

　ぼくは立ち止まった。ぼくの心は凍りついた。でもまだわからなかった。

　「もう行ってよ」王子さまは言った。「この壁から降りたいんだ」

　ぼくは壁の足もとへ目をやって、跳び上がった！　30秒で人の命を奪える黄色いヘビが、小さな王子さまを見上げていた。ぼくは銃を手に取り、壁に向かって走り出した。その音を聞きつけて、ヘビはゆるやかに砂の上をすべり、石の間に消えてしまった。

　ぼくは壁にたどり着いて、王子さまを腕に抱きとめた。王子さまの顔は、雪のように蒼白だった。

　「どういうことなんだ？　なぜヘビなんかと話してるんだ？」

　ぼくは王子さまの襟巻きをほどいた。そして額を拭いた。少し水を飲ませた。でも、それ以上、たずねるのが怖かった。王子さまはぼくを見つめ、両腕でぼくの首に抱きついた。王子さまの胸の鼓動が伝わってきた。撃たれて、息絶えようとしている、鳥の鼓動のようだった。王子さまは言った。

　「きみの飛行機が直ってよかった。これで、きみは家に帰れるね……」

　「どうして知ってるの？」ぼくは叫んだ。ついに直ったと、今言うところだったのだから！

왕자님은 대답 없이 이렇게 말했다.

"오늘 밤, 나도 집으로 돌아가……"

왕자님은 슬픈 듯 덧붙였다. "훨씬 더 멀고, 훨씬 더 어렵지만……"

뭔지 헤아릴 수 없는 무서운 일이 일어나려 하고 있었다. 나는 아기를 품에 안듯이 왕자님을 팔로 안았다. 하지만 가령 무엇을 해본들 왕자님은 내 팔을 빠져나가 멀어질 것만 같았다.

왕자님의 슬픈 눈빛은 끝없는 저 먼 곳을 맴돌고 있었다.

나는 말했다. "너의 양 그림이 있어. 양을 넣는 상자도 있고, 재갈도 있어……"

왕자님은 쓸쓸한 듯 미소지었다.

나는 오랫동안 기다렸다. 왕자님은 조금 나아진 듯 보였다. 나는 말했다.

"나의 소중한 친구야, 무서웠지……"

분명 무서웠을 것이다! 그런데 왕자님은 부드럽게 웃으며 말했다. "나, 오늘 밤이 되면 훨씬 무서워질 거야……"

다시금 나는 공포에 얼어붙었다. 그리고 왕자님의 그 웃음소리를 두 번 다시 들을 수 없을 거라 생각하니 도저히 견디기 힘들 것이라는 사실을 깨달았다. 나에게 그 웃음소리는 사막 한가운데 있는 담수 우물 같은 것이었다.

"나의 소중한 친구야, 너의 웃음소리를 다시 한 번 듣고 싶어……"

왕자님은 그저 이렇게 말했다.

"오늘 밤, 내가 여기에 온 지 딱 1년이 돼. 내 별은 내가 1년 전에 떨어진 장소 바로 위에 온다고……"

■헤아릴 수 없다 計り知れない　■가령 仮に、たとえ　■공포에 얼어붙다 恐怖に凍りつく

王子さまは答えずに、こう言った。

「今夜、ぼくも家に帰るよ……」

王子さまは悲しそうに付け足した。「もっと、ずっと遠くて、もっとずっと難しいけれど……」

何か、はかりしれない、恐ろしいことが起きようとしていた。ぼくは、王子さまを赤ちゃんを抱きしめるように腕に抱いた。でも、たとえ何をしても、王子さまがすり抜けて離れていくのを感じた。

王子さまの悲しげなまなざしは、はるかかなたをさまよっていた。

ぼくは言った。「きみのヒツジの絵があるよ。ヒツジの入る箱もあるし、口輪もあるよ……」

王子さまは寂しそうに微笑んだ。

ぼくは長いこと待った。王子さまは少しよくなったように見えた。ぼくは言った。

「ぼくの大切な友よ、怖かっただろう……」

怖かったに決まっている！ なのに、王子さまはやさしく笑って言った。「ぼく、今夜になればもっと怖いよ……」

ふたたび、ぼくは恐怖に凍りついた。そして、王子さまのこの笑い声がもう二度と聞けなくなるのかと思うと、とても耐えられないことに気付いた。ぼくにとって、あの笑い声は砂漠の中の真水の井戸のようだったのだ。

「ぼくの大切な友よ、きみの笑い声をもう一度聞きたい……」

王子さまはただこう言った。

「今夜、ぼくがここに来てからちょうど 1 年になる。ぼくの星は、ぼくが 1 年前に落ちた場所の真上に来るんだ……」

"친구야, 이 뱀과 별에 대한 이야기는 그저 나쁜 꿈이었다고 말해줘."

하지만 왕자님은 내 말에 대답하지 않았다. 그리고 이렇게 말했다.

"가장 중요한 것은 눈에는 보이지 않아……"

"그래……"

"내 꽃도 그래. 어딘가의 별에 핀 한 송이 꽃을 사랑한다면 밤하늘을 올려다보는 게 즐거워져. 별이 모두 꽃으로 보이니까."

"맞아……"

"물도 마찬가지야. 네가 마시게 해준 그 물은 음악과 같았어. 도르래도, 로프도 노래했어…… 자 봐, 생각날 거야…… 훌륭했어."

"그래, 맞아……"

"밤이 되면 별을 봐. 내 별, 내 집은 너무 작아서 어디에 있는지 너에게 보여줄 수 없어. 하지만 그게 나아. 내 작은 별은 많은 별 중 하나가 되는 거니까. 그러니까 너는, 별을 전부 보는 걸 좋아하게 될 거야. 모든 별이 너의 친구가 되는 거야. 그리고 선물을 너에게 줄게……" 왕자님은, 또 웃었다.

"아아, 친구야, 친구야, 네 웃음소리를 듣는 게 너무 좋아!"

"그래, 그게 내 선물이야……, 아까 말한 물처럼 말이야."

"무슨 뜻이야?"

"별의 의미는 보는 사람에 따라 달라. 여행자에게 별은 방향을 가르쳐줘. 다른 사람에게는 하늘에 있는 작은 빛에 지나지 않아. 학자에게 별은 생각할 수 있는 대상이고, 내가 만난 사업가에게 별은 돈이 되지. 하지만 그 어떤 별이라도 소리는 낼 수는 없어. 하지만 너, 너의 별은 다른 누구의 것과도 달라……"

■밤하늘 夜空　■웃음소리 笑い声

「友よ、このヘビと星の話は、ただのわるい夢だと言っておくれよ」

でも王子さまは、ぼくのことばに答えなかった。そしてこう言った。

「いちばん大切なものは目には見えない……」

「そうだね……」

「ぼくの花もそうだ。どこかの星に咲いている一輪の花を愛したら、夜空を見上げるのが嬉しくなる。星がぜんぶ、花に見えるから」

「そのとおりだ……」

「水だって同じだ。君が飲ませてくれたあの水は、音楽のようだった。滑車も、ロープも歌ってた……。ほら、思い出すだろう……素敵だった」

「そうだね……」

「夜になったら星を見てね。ぼくの星、ぼくの家は、小さすぎて、どこにあるのかきみに見せてあげられない。でもそのほうがいいんだ。ぼくの小さな星は、たくさんの星の一つになるんだからね。だからきみは、星ぜんぶを見るのが好きになるよ。ぜんぶの星が、きみの友達になるんだ。それから、贈り物をきみにあげるよ……」王子さまは、また笑った。

「ああ、友よ、友よ、きみの笑い声を聞くのが大好きだ！」

「そう。それがぼくの贈り物だよ……、さっきの水みたいにね」

「どういうこと？」

「星の意味は、見る人によって違うよね。旅行者には、星は導きとなってくれる。ほかの人にとっては、空にある小さな光でしかない。学者にとっては星は考える対象だし、ぼくの出会った実業家にとっては、星は金でできているんだ。でもどの星も音を立てない。でもきみ、きみの星は、ほかのだれのとも違う……」

"무슨 뜻이야?"

"너는 밤에 하늘을 바라봐…… 그리고 내가 하늘 가득한 별들 중 하나에 살고 있으니까 내가 그 별에서 웃고 있으니까. 너에게 온갖 별들이 다 웃고 있는 것처럼 들릴 거야. 웃는 별들을 가진 것은 너뿐이야!"

왕자님은 다시 웃었다.

"그리고 네가 다시 행복한 기분으로 충만해질 때(어떤 때라 해도, 잠시 시간이 지나면 슬픔은 반드시 누그러져), 나와 알게 돼서 다행이라고 생각할 거야. 너는 쭉 내 친구니까. 너는 나와 같이 웃고 싶어질 거야. 그러니까 때때로, 창문을 열어…… 그리고 네 친구는 모두들, 네가 하늘을 올려다보며 웃고 있는 것을 보고 놀랄 거야. 그러면 이렇게 말해주는 거야. '맞아, 그래. 별 하늘을 보면 항상 웃음이 터져 나온다고!' 모두들, 네 머리가 이상하다고 생각할 거야. 나는 너에게 아주 이상한 일을 하게 만든 셈이네……"

왕자님은 다시 웃었다.

"별 대신에 웃고 떠드는 작은 종들을 너에게 많이 준 것 같을 거야……"
왕자님은 또 웃었다. 그리고 나서 진지한 얼굴로 돌아와 말했다. "오늘 밤……, 있잖아, 너는 돌아오면 안 돼."

나는 말했다. "네 곁을 떠나지 않을 거야."

"내가 아파하는 것처럼 보일 거야…… 죽음에 다다른 것처럼 보일 거야. 그렇게 보일 거야. 그러니까 돌아와서 보면 안 돼…… 보러 올 필요 없어."

"네 곁을 떠나지 않을 거야."

■가득하다 いっぱいだ、満ちている　■누그러지다 和らぐ、和む　■죽음에 다다르다 死にかける

「どういうこと？」

「きみは夜、空を眺める……そして、ぼくが空一杯の星の一つに住んでいるから、ぼくがその星で笑ってるから、きみには、星という星が笑ってるように聞こえるよ。笑う星々を持つのはきみだけだ！」

王子さまはまた笑った。

「そして、きみがまた幸福な気持ちに満たされた時には（どんなときでも、しばらくたてば悲しみは必ずやわらぐよ）、ぼくと知り合ってよかったって思うよ。きみはずっとぼくの友達だもの。きみはぼくと一緒に笑いたくなるよ。だから時々、窓を開ける……そしてきみの友達はみんな、きみが空を見上げて笑ってるのを見て驚くだろう。そしたらこう言ってやるんだ。『そうなんだよ。星空を見ると、いつも笑いがこみあげてくるんだよ！』みんな、きみの頭がおかしいと思うだろう。ぼくはきみに、すごくおかしなことをさせてしまうわけだね……」

王子さまはまた笑った。

「星の代わりに、笑いさざめく小さな鈴をたくさん、きみにあげたみたいになるね……」王子さまはまた笑った。それから、真顔にもどって、言った。「今夜……、ねえ、きみは戻ってきてはいけないよ」

ぼくは言った。「きみのそばを離れない」

「ぼくは痛がっているように見えるだろう……死にかかっているように見えるだろう。そんなふうに見えるんだよ。だから、戻ってきて見てはいけない……見に来ることないんだよ」

「きみのそばを離れないよ」

왕자님은 걱정하고 있었다.

"내가 이렇게 말하는 건" 왕자님은 말했다. "뱀도 있으니까 말이야. 네가 물리는 게 싫어. 뱀은 때때로 엉뚱한 짓을 해. 재미삼아 물기도 하거든……"

"네 곁을 떠나지 않을 거야."

하지만 다른 걸 생각해내고 왕자님은 또 마음이 편해진 듯했다. "뱀 독은 1인분밖에 효력이 없었지……"

그날 밤, 나는 왕자님이 떠나는 것을 눈치채지 못했다. 소리도 없이 사라져버린 것이다. 겨우 내가 따라갔을 때, 왕자님은 걸음을 재촉하고 있었다. 그저 이렇게 말했다.

"아아! 왔구나……"

그리고 내 손을 잡았다. 그렇지만 아직 걱정스러워 보였다.

"너는 오면 안 됐는데. 슬퍼지니까 말이야. 나는 죽는 것처럼 보일지도 모르지만 정말은 그렇지 않아……"

나는 한마디도 하지 않았다.

"너는 알 거야. 우리 집은 아주 멀어. 이 몸을 가지고 갈 수는 없다고. 너무 무겁거든."

나는 한마디도 하지 않았다.

■엉뚱하다 とんでもない　■걸음을 재촉하다 足どりを早める

王子さまは心配していた。

「ぼくがこう言うのは」王子さまは言った。「ヘビのことがあるからだよ。きみが噛まれるのは嫌だ。ヘビは時々とんでもないことをする。おもしろ半分で噛んだりするんだ……」

「きみのそばを離れないよ」

でも、別のことを思いついて、王子さまは気が楽になったようだった。「ヘビの毒は、一人分しかないんだった……」

その夜、ぼくは王子さまが立ち去るのに気付かなかった。音もなく、消えてしまったのだ。ようやくぼくが追いついたとき、王子さまは足早に歩いていた。ただこう言った。

「ああ！ 来たんだね……」

そしてぼくの手をとった。それでもまだ心配そうだった。

「君は来たらいけなかったんだよ。悲しくなるだろうからね。ぼくは死ぬように見えるかもしれないけど、本当はそうじゃないんだよ……」

ぼくは一言も言わなかった。

「きみはわかるよね。ぼくの家はとても遠い。この体を持っていくことはできないんだ。重すぎるんだよ」

ぼくは一言も言わなかった。

"하지만 몸은 껍데기 같은, 오래된 나무 껍질 같은 거야. 그러니까 슬프지 않아……"

나는 한마디도 하지 않았다.

왕자님은 슬펐을 텐데 밝게 행동하려 했다.

"분명히 멋질 거야. 저기 말이야. 너와 같이 나도 별을 바라볼 거야. 어떤 별이든 전부, 녹슨 도르래가 달린 담수 우물 같이 느낄 거야. 그리고 온갖 별이 모두 나에게 물을 마시게 해줄 거야……"

나는 한마디도 하지 않았다.

"정말로 멋질 거라고! 너는 5 억 개의 종을 가졌고, 나는 5 억 개의 우물을 가진 셈이 되는 거라고……"

그리고 왕자님도 입을 다물었다. 울고 있었으니까…….

"여기야. 여기에서부터는 혼자서 걸어갈 거야."

왕자님은 두려움으로 주저앉았다. 그래도 이야기를 이어갔다.

"저기…… 내 꽃…… 나는 그 꽃에게 책임이 있어! 너무나 연약하잖아! 게다가 아무것도 모른다고. 세상 모두와 맞서 자기를 지키기 위해 가진 게 작은 가시 네 개뿐이라고……"

나는 더는 서 있을 기력이 없어져 주저앉았다. 왕자님은 말했다.

"알고 있지……, 그것만……"

■녹슬다 さびる　■두려움 恐れ　■기력이 없다 気力がない

「でも体はぬけ殻みたいな、古い木の樹皮みたいなものだよ。だから悲しくないんだよ……」

ぼくは一言も言わなかった。

王子さまは悲しかったのに、明るくふるまおうとしていた。

「きっと素晴らしいよ。ねえ。きみと同じように、ぼくも星を眺めてるよ。どの星もぜんぶ、さびた滑車の付いた、真水の井戸みたいになるんだ。そして星という星が、ぼくに水を飲ませてくれるんだ……」

ぼくは一言も言わなかった。

「本当に素敵だろうなあ！ きみは5億の鈴を持ち、ぼくは5億の井戸を持つことになるんだから……」

そして王子さまも黙った。泣いていたから……。

「ここだよ。ここから先は、ひとりで歩いて行くよ」

王子さまは怖さですわり込んだ。それでもしゃべり続けた。

「ねえ……ぼくの花……ぼくはあの花に責任があるんだ！ あんなにか弱いんだもの！ それに何にも知らないんだ。世界ぜんぶに立ち向かって自分を守るのに、小さなトゲが4つあるだけなんだよ……」

ぼくは、もう立っていられなくなってすわり込んだ。王子さまは言った。

「わかるよね……、それだけ……」

어린 왕자님은, 아주 잠깐 숨을 내쉬고 일어서, 한 발, 앞으로 내딛었다. 나는 움직일 수 없었다.

왕자님의 발목 근처에 노란 빛이 아주 희미하게 번뜩였다. 순간 왕자님은 움직임을 멈췄다. 목소리도 내지 않았다. 그리고 나무가 쓰러지듯 천천히, 무너져 내렸다. 소리 하나 나지 않았다. 사막의 모래 위였으니까.

 # 제 2 7 장

이것은 벌써 6년 전 이야기다……. 지금까지, 이 이야기를 한 적이 없었다. 내 친구는 내가 살았다는 것을 알고 무척 기뻐해줬다. 내 마음은 가라앉아 있었지만 그들에게는 이렇게 말했다. "피곤할 뿐이야……"

■희미하게 かすかに　■번뜩이다 きらっと光る、ひらめく　■무너져 내리다 崩れ落ちる

　小さな王子さまは、ほんの一呼吸おいて立ち上がり、一歩、前に踏み出した。ぼくは動けなかった。

　王子さまの足首のあたりに、黄色い光がほんのかすかに閃いた。一瞬、王子さまは動かなくなった。声もあげなかった。そして、木が倒れるようにゆっくりと、崩れ落ちた。物音ひとつしなかった。砂漠の砂の上だったから。

第２７章

　これはもう、6年も前の話だ……。今まで、この話をしたことはない。ぼくの友達は、ぼくが生きていることを知ってとても喜んでくれた。ぼくの心は沈んでいたけれど、彼らにはこう言った。「疲れているだけだよ……」

이제 조금은 슬픔도 누그러졌다. 왜냐하면……, 완전히 사라진 것이 아니니까. 하지만 나는 어린 왕자님이 자기 별로 돌아갔다는 것을 알고 있다. 다음 날 아침 돌아가 보니 왕자님 몸이 아무데도 없었던 것이다. 그다지 커다란 몸은 아니었다. 그러니까 지금, 밤이 되면, 나는 별 하늘을 향해 귀를 기울이는 것을 낙으로 삼고 있다. 5억 개의 종이 울리는 것 같다…….

단지 이해할 수 없는 것이 하나 있다. 나는 어린 왕자님에게 양의 재갈을 그려줬는데 — 끈을 다는 것을 잊어버린 것이다! 왕자님은 양에게 재갈을 씌울 수 없을 것이다. 나는 자문했다. "왕자님의 별에서 무슨 일이 일어난 것일까? 혹시 양이 꽃을 먹어버렸을지도 모른다……"

어떤 때는 스스로를 타이른다. "그런 일은 물론 없어! 왕자님은 매일 밤, 꽃에게는 덮개를 덮어주고 양도 물론 조심스럽게 보살피고 있을 테니까……" 그렇게 생각하니 기분이 편해졌다. 그러자 온갖 별들이 모두, 상냥하게 웃고 있는 게 들리는 것이다.

또 다른 때는 이렇게 생각한다. "누구든 가끔은 잊어버리곤 한다. 하지만 한 번 잊었을 뿐이라도 그것으로 더는 어쩔 수 없게 될지도 모른다고! 단 한 번, 꽃에게 덮개를 덮어주는 것을 잊어버릴지도 모르고, 어떤 밤 양이 상자에서 나와버릴지도 모른다……" 그러자 내 종이 모두 울기 시작하는 것이다!

이거야말로 대단히 신비로운 것이다. 어린 왕자님이 매우 좋아하는 우리들로서는, 어디에선가, 왜인지, 본 적도 없는 양이, 어떤 꽃을 먹어버렸는지 때문에 우주 전체가 변해버릴 수도 있으니까…….

■낙으로 삼다 楽しみにする　■재갈 口輪、くつわ　■보살피다 面倒を見る

今では少しだけ、悲しみもやわらいだ。ということは……、完全に消えたわけじゃない。でもぼくは、小さな王子さまが自分の星に帰って行ったことを知っている。翌朝戻ってみたら、王子さまの体がどこにもなかったからだ。あまり大きな体ではなかったし。だから今、夜になると、ぼくは星空に向かって耳を澄ませるのを楽しみにしている。5億もの鈴が鳴り響いているようだ……。

ただ、不可解なことが一つある。ぼくは小さな王子さまにヒツジの口輪を描いたのだが—ひもをつけるのを忘れてしまったのだ！ 王子さまは、ヒツジに口輪をはめられないだろう。ぼくは自問する。「王子さまの星で、何が起こったのだろう？ もしかしたらヒツジが花を食べてしまったかもしれない……」

あるときは、自分に言い聞かせる。「そんなこと、もちろんないさ！ 王子さまは毎晩、花にケースをかぶせるし、ヒツジも注意深く見張っているから……」そう思うと、気が楽になる。すると、星という星がぜんぶ、やさしく笑っているのが聞こえるのだ。

また別のときにはこう思う。「だれでも時々は忘れたりするものだ。でも1回忘れただけで、もう駄目かもしれないんだぞ！ 一度だけ、花にケースをかぶせ忘れたかもしれないし、ある晩、ヒツジが箱から出てしまったかもしれない……」すると、ぼくの鈴はぜんぶ、泣き始めるのだ！

これこそ、大いなる神秘だ。小さな王子さまが大好きなぼくたちにとっては、どこかで、なぜか、見たこともないヒツジが、ある花を食べてしまったかどうかで、宇宙全体が変わってしまうのだから……。

하늘을 올려다보며 생각해봤으면 한다. "그 양은 그 꽃을 먹었을까, 아니면 먹지 않았을까?" 그러면 모든 게 달라져 보인다는 사실을 깨달을 것이다…….

어른들은 이것이 왜 중요한지 단 한 사람도 모른다!

이것은 나에게 있어 세상에서 가장 아름다운, 가장 슬픈 장소이다. 앞의 쪽과 같은 장소다. 모두에게 보여주기 위해 다시 한 번 그렸다. 어린 왕자님은 처음에 여기에 도착했다가 여기에서 떠나갔다. 언젠가 너희가 아프리카 사막을 여행할 일이 있다면 이 장소를 찾아낼 수 있도록, 제대로 봐두라고. 그리고 만일 이 장소에 가서 만난다면 재촉한다거나 서두르거나 하지 말아줘. 멈춰 서서, 잠시 동안만, 어린 왕자님의 별 바로 아래에 서보지 않을래? 그리고 만일 어린 아이가 한 명 다가오면, 그리고 웃는다면, 그 아이가 금발머리를 가졌고 너의 질문에 전혀 답하지 않는다면, 그게 누구인지 분명 알 수 있을 거야. 부탁이니까 부디, 아이에게 상냥하게 대해줘! 아이의 슬픔을 덜어줘. 곧바로 나에게 편지를 써서 알려줘. 별의 왕자님이 돌아왔다고…….

끝

■멈춰 서다 立ち止まる　■상냥하게 대하다 優しく接する　■슬픔을 덜다 悲しみを和らげる

　空を見上げて、考えてみてほしい。「あのヒツジはあの花を食べたか、それとも食べなかったか？」すると、何もかもが変わって見えることに気づくだろう……。

　おとなときたら、これがどうして大切なのか、ひとりもわからないのだ！

　これは、ぼくにとって、世界でいちばん美しく、いちばん悲しい場所だ。前のページと同じ場所だ。みんなに見てもらうために、もう一度、描いた。小さな王子さまは最初にここに着いて、ここから去って行った。いつかきみたちが、アフリカの砂漠を旅することがあれば、この場所を見分けられるように、しっかりと見ておいてくれ。そしてもしこの場所に行き会ったら、先を急いだりしないでくれ。立ち止まって、少しの間だけ、小さな王子さまの星の真下に立ってみてくれないか！　そしてもし、子どもがひとり近づいてきたら、そして笑ったら、その子が金色の髪をして、きみの質問にちっとも答えなかったら、それがだれだかきっとわかる。そうしたら、お願いだから、ぼくにやさしくしておくれ！　ぼくの悲しみを和らげておくれ。すぐにぼくに手紙を書いて、知らせておくれよ。星の王子さまが帰ってきたと……。

END

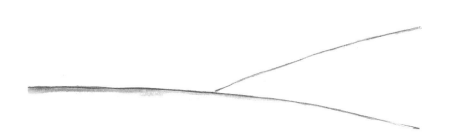

覚えておきたい韓国語表現

왕자님은 눈을 감은 채 물을 마셨다. (p.192, 6–7行目)
王子さまは目を閉じて、飲んだ。（直訳：王子さまは目を閉じたまま、水を飲んだ。）

【解説】「-ㄴ/은 채로」(〜したまま) は、先行節にある行動や状態のまま、後続節の動作が行われるときに使います。過去形や未来形の後には使いません。助詞「-로」を省略して使う場合もあります。

【例文】

입을 다문 채 심각한 표정일 뿐 말이 없었다. / 안수길『북간도』
口をつぐんだまま深刻な表情を浮かべただけで黙っていた。 / アン・スギル『北間島』

사무소는 잠잠하고 문은 단단히 걸린 채 아직 열리지 아니하였다. / 유진오『여직공』
事務所は静かで、ドアはしっかり閉まったまま、まだ開いていなかった。 / ユ・ジノ『女職工』

테이블에 엎드린 채 그냥 말이 없다. / 지하련『도정』
テーブルに伏せたまま黙っている。 / チ・ハリョン『道程』

내가 오는 걸 기다리기만 하면 돼. (p.198, 下から1–2行目)
ぼくが来るのを待つだけでいいんだ。

【解説】「-(으)면 되다」は「〜すればいい」という意味ですが、「-(으)면 안 되다」(〜してはいけない)の形の方がよく使われます。または「-아/어도 되다」(〜してもいい)の形が文法書ではよく扱われます。しかし、この3つの形をすべて知っておいた方が、以下のような表現を使いこなせるようになります。

【例文】

눈 올 땐 미끄럼타고 다니면 되지. / 송기숙『재수없는 금의환향』
雪が降るときは滑ればいいんだよ。 / ソン・ギスク『縁起の悪い錦衣行』

자넨 멀쩡한데 나 먼저 취하면 되겠나? / 김동리『까치 소리』
君は大丈夫なのに、私が先に酔えばいいのか？ / キム・ドンニ『カササギの鳴き声』

그런 이름을 붙이면 안 된다는 무슨 법조문이라도 있나? / 송기숙『개는 왜 짖는가』

そんな名前をつけてはいけないという何か法の条文でもあるのか？ / ソン・ギスク『犬はなぜ吠えるのか』

서로 만나지 않으면 안 될 경우면 병풍을 치고서 말만 교환을 하는 판이었다. / 이무영『농민』

お互いに会わなければならない場合は、屏風を立てて言葉だけを交わす状況だった。 / イ・ムヨン『農民』

쉬엄쉬엄 가도 되겠다 싶을 땐 천천히 자기가 돌아온 길을 되돌아보고, / 최일남『서울 사람들』

休み休み行ってもよさそうなときはゆっくり自分が帰ってきた道を振り返り、 / チェ・イルナム『ソウルの人々』

오늘은 그리시지 않아도 되잖아요? / 김승옥『차나 한 잔』

今日は描かなくてもいいじゃないですか？ / キム・スンオク『お茶でも一杯』

나는 아기를 품에 안듯이 왕자님을 팔로 안았다.（p.202, 4–5行目）
ぼくは、王子さまを赤ちゃんを抱きしめるように腕に抱いた。

【解説】「−듯이」（～ように）は、先行節の内容が後続節の内容とほぼ違わないことを表します。「−는 것처럼」（～のように）、「−는 것과 마찬가지로」（～と同じく）と同じ意味で使われます。「−이」を省略する場合もあります。

【例文】

어제도 말했듯이 며칠 후에 우리 학교에 외국 손님들이 오신다. / 하근찬『붉은 언덕』

昨日も言ったように、数日後にうちの学校に外国のお客さんがいらっしゃる。 / ハ・グンチャン『赤い丘』

정씨는 무슨 글이라도 읽듯이 단숨에 지껄였다. / 이호철『소시민』

鄭氏は何かの文でも読むかのように一気にしゃべった。 / イ・ホチョル『小市民』

우리들은 있는 힘을 다하여 울부짖듯이 대답했다. / 이제하『태평양』

我々は力を尽くして泣き叫ぶように答えた。 / イ・ジェハ『太平洋』

별의 의미는 보는 사람에 따라 달라. (p.204, 下から5行目)
星の意味は、見る人によって違うよね。

【解説】「-ㅁ/음에 따라」(〜によって) は、先行節の状況や基準に従って後続節の結果が表れるときに使います。文語体で使われる場合が多いです。

【例文】

듣기에 따라서는 부러움과 비꼼이 섞인 듯도 했지만, 사실은 나는 아무렇지도 않았다. / 서정인 『춘분』
聞き方によっては羨ましさと皮肉が混じったようだったが、実は私は何ともなかった。/ ソ・ジョンイン『春分』

생각하기에 따라서는 굳이 도망하여야 할 현실도 아니겠지만 나는 모르는 결에 그 방법을 즐기게 되었다. / 이효석 『성화』
考え方によってはあえて逃げなければならない現実でもないが、私は知らないうちにその方法を楽しむようになった。/ イ・ヒョソク『聖画』

어머니의 말씀에 따라 제 인생의 행로를 결정하겠습니다. / 박화성 『휴화산』
お母さんのお言葉に従って、私の人生の行方を決めます。/ パク・ファソン『休火山』

아주 이상한 일을 하게 만든 셈이네…… (p.206, 12－13行目)
すごくおかしなことをさせてしまうわけだね……

【解説】「-ㄴ/은/는 셈이다」(〜というわけだ) は、事実として必ずそうだとは言えないが、話し手がいろいろな状況などを考えた末に「〜したも同然だ」、「結局それくらいだ」、「そのような結果になる」と言うときに使います。「-와/과 마찬가지다」(〜と同じだ) と同じ意味です。

【例文】

평화상태를 유지하게 된 셈이었다. / 안수길 『북간도』
平和な状態を維持するようになったわけだ。/ アン・スギル『北間島』

해방 덕을 몬 본 셈이네요? / 김정한 『슬픈 해후』
解放のおかげですね。/ キム・ジョンハン『悲しい邂逅』

울 수 있었던 자유마저 빼앗기고 만 셈이었다. / 정한숙 『닭장 관리』

泣くことができた自由まで奪われてしまったわけだ。 / チョン・ハンスク『鶏小屋の管理』

세상 모두와 맞서 자기를 지키기 위해 가진 게 작은 가시 네 개뿐이라고……
（p.210, 下から4−3行目）

世界ぜんぶに立ち向かって自分を守るのに、小さなトゲが4つあるだけなんだ
よ……

【解説】「−기 위해서」(～ために) は、動詞の後につけて、前の行動をするために後ろの動作
をするときに使います。「서」を省略する場合もあります。また名詞の後ろでは「−을／를 위
해서」を使います。

【例文】

그들을 몰아내기 위해 싸우다가 결국 경찰 신세를 졌던 일이라 했다. / 김정한 『모래톱 이야기』

彼らを追い出すために戦って、結局警察の世話になったことだと言った。 / キム・ジョンハン『砂浜物語』

살기 위해서는 인간을 버려도 좋다는 말인가. / 장용학 『원형의 전설』

生きるためには人間を捨ててもいいということか。 / チャン・ヨンハク『円形の伝説』

봉사의 정신을 갖기 위해서는 신앙생활을 허는 것두 좋겠지요. / 심훈 『상록수』

奉仕の精神を持つためには信仰生活をすることもいいでしょう。 / シム・フン『常緑樹』

양도 물론 조심스럽게 보살피고 있을 테니까…… （p.214, 12−13行目）

ヒツジも注意深く見張っているから……

【解説】「−게」(～く、～(よう)に) は、形容詞の後ろに付いて、後ろに来る行為に関わる目
的や基準、程度や方法などを表し、文章の中で副詞の機能をします。

【例文】

커다랗게 하품을 한다. / 이동하 『전쟁과 다람쥐』

大きくあくびをする。 / イ・ドンハ『戦争とリス』

수건으로 그의 입과 코를 가볍게 누르고 속으로 열을 세었다. / 조세희 『난장이가 쏘아올린 작은 공』

タオルで彼の口と鼻を軽く押さえて10を数えた。 / チョ・セヒ『こびとが打ち上げた小さなボール』

저는 결코 비참하게 살고 싶진 않습니다. / 박태순 『한 오백년』

私は決して惨めに暮らしたくありません。 / パク・テスン『約500年』

누구든 가끔은 잊어버리곤 한다. (p.214, 下から8行目)
だれでも時々は忘れたりするものだ。

【解説】「-곤 하다」(〜したりする、よく〜する)は、あることがくり返されて起きるとき、もしくはある人が反復的にある動作を行ったり、習慣のように頻繁に行うときに使います。「곧잘」(しばしば)、「자주」(よく)、「가끔」(ときどき)などの回数を表す副詞とよく使われ、「-고는 하다」を使う場合もあります。

【例文】

뒤를 졸래졸래 따라오곤 했다. / 서정인 『벌판』

後ろをちょこちょこついてきたりした。 / ソ・ジョンイン『野原』

망설이며 멈추곤 하는 것이 보였다. / 이제하 『태평양』

ためらって止まったりするのが見えた。 / イ・ジェハ『太平洋』

남다르게 뛰어나 보려고 애쓰곤 하였다. / 이호철 『소시민』

人並み外れてみようと努力したりもした。 / イ・ホチョル『小市民』

이거야말로 대단히 신비로운 것이다. (p.214, 下から3行目)
これこそ、大いなる神秘だ。

【解説】「-롭다」(〜らしい)は、「そのような性質を十分持っている」ことを表しますが、一部パッチムがない名詞にだけ付きます。

関連語句

명예롭다 (名誉だ)　　　신비롭다 (神秘的だ)　　　자유롭다 (自由だ)

풍요롭다 (豊かだ)　　　향기롭다 (芳しい)

【例文】

이곳을 지나던 기억이 새로워서 또다시 아내를 추모하는 슬픔에 잠겼다. / 정비석 『귀향』

ここを通り過ぎた記憶が新しくて、再び妻を偲ぶ悲しみに沈んだ。/ チョン・ビソク『帰郷』

집을 나온다고 내가 자유로워질 수는 없었다. / 조세희 『난장이가 쏘아올린 작은 공』

家を出たからといって私が自由になることはできなかった。/ チョ・セヒ『こびとが打ち上げた小さなボール』

그런 것들이 참으로 신비로웠던 것이다. / 이동하 『전쟁과 다람쥐』

そのようなものが実に神秘的だったのだ。/ イ・ドンハ『戦争とリス』

［IBC 対訳ライブラリー］
韓国語で読む星の王子さま

2022年10月4日　第1刷発行
2024年11月2日　第2刷発行

原 著 者　サン＝テグジュペリ
翻訳・解説　ユ・ウンキョン

発 行 者　賀川　洋

発 行 所　IBCパブリッシング株式会社
　　　　　〒162-0804 東京都新宿区中里町29番3号 菱秀神楽坂ビル
　　　　　Tel. 03-3513-4511　Fax. 03-3513-4512
　　　　　www.ibcpub.co.jp

印 刷 所　株式会社シナノパブリッシングプレス

ISBN978-4-7946-0735-5